Volker Ladenthin

Mach's gut?
Mach's besser!

Eine kleine Ethik
für den Alltag

echter

Für Aloysius Regenbrecht, in memoriam

Bibliografische Information der Deutschen Nationalbibliothek

Die Deutsche Nationalbibliothek verzeichnet diese Publikation
in der Deutschen Nationalbibliografie; detaillierte bibliografische
Daten sind im Internet über ‹http://dnb.d-nb.de› abrufbar.

1. Auflage 2017
© 2017 Echter Verlag GmbH, Würzburg
www.echter.de

Umschlag: wunderlichundweigand.de
(Foto: Wayne0216/shutterstock)
Satz: Hain-Team (www.hain-team.de)
Druck und Bindung: CPI-books – Clausen & Bosse, Leck

ISBN
978-3-429-04387-2
978-3-429-04933-1 (PDF)
978-3-429-06353-5 (ePub)

„Aber der Mensch ist unabhängig und tut,
was ihm beliebt aus freiem Willen."
Moses, in Arnold Schönberg
„Moses und Aron" (1923/1954)

Inhalt

1. Wo ist das Problem?

Freitagnachmittag im Supermarkt: Alle Kassen sind geöffnet und doch haben sich sehr lange Schlangen gebildet. Und natürlich steht man mit dem vierjährigen Thomas in der falschen Schlange. „Woanders ist es immer besser!“, sagt die Frau hinter mir. Die Kassiererin schaut zu uns. Sie hat einen hochroten Kopf. Wenn Blicke töten könnten. Thomas hat derweil die Kinderschokolade entdeckt. Ich ignoriere das erst einmal. Hinter mir fragt ein junger Punk, ob man ihn nicht vorlassen könne. Er habe nur eine Flasche mit Kraftstoff. Die Kassiererin reagiert inzwischen recht laut und in dialektischer Wortwahl: „Ja, nee nicht! Ja?“ Bei einem reizenden Rentnerehepaar funktionieren weder Bank- noch Kreditkarte, Bargeld hat es nicht genug dabei. Eingescannt ist allerdings alles. Die Kassiererin muss den Einkaufswagen hinter sich deponieren. Das hält auf. Danach kommt eine elegante Dame mit Hut, die den fürchterlichsten aller fürchterlichen Sätze ausspricht: „Ich glaub, ich hab es passend!“ Es fehlen allerdings fünf Cent. Die Kassiererin verdreht die Augen. Also bezahlt die hilfsbereite Dame die 10,47 € mit dem Hunderter. „Haben Sie's nicht noch größer? Gibt's die 500er Scheine nicht mehr?“, kommentiert die Kassiererin. Die Mutter zwei Einkaufswagen vor mir stellt fest, dass ein Ei im Dutzend fehlt. „Können Sie denn nicht vorher aufpassen! Alt genug sind Sie doch?“, wird sie von der Kassiererin angefahren. Jetzt muss gerechnet werden: Kaufpreis durch zwölf mal elf. – „Alle Teile aufs Fließband! Alle! Euch kenn ich!“, meckert die Kassiererin die zwei rotblonden Jungs vor mir an. Und zu mir sagt sie, als ich zu all meinen Kleinigkeiten den Sechserpack mit je 1,5 Liter Mineralwasser aufs Band hieve: „Ja, hallo? Glauben Sie, ich kann das heben? Sie müssen mir schon den Strichcode zudrehen. Sonst kann ich den Preis nicht einscannen, und Sie stehen noch morgen hier." Ich drehe das Flaschen-Paket um, dabei reißt die Zellophanverpackung, eine Flasche fällt vom Fließband, schlägt auf und platzt. Thomas findet das recht lustig. Die Kassiererin nicht so sehr: „Ja, nee, nicht! Bezahlen Sie schon mal …" Ich habe 24,80 € zu zahlen, lege 25 € auf den Wechselteller, sie hat das Wechselgeld schon in der Hand, und ein Azubi kommt, um den Mineralwassersee aufzuwischen, der sich um mich gebildet hat. Ich will irgendwie helfen, mit Papiertaschentüchern … : „Lassen Sie es lieber!" So packe ich meine Sachen zusammen und gehe. Hinter mir höre ich: „Und Tschüss!" Ich stelle beim Nachzählen fest, dass mir die Kassiererin statt der 20 Cent Wechselgeld eine Münze im Wert von 50 Cent gegeben hat. Ich drehe mich um und sehe, dass sie schon den übernächsten Kunden abfertigt und angeregt unterhält: „Ja, nee, nicht!"

Sollte ich zurückgehen? Die wartenden Kunden in der langen Schlange noch mal aufhalten? Mir noch einen Kommentar anhören? Bei dieser doch recht energischen Kassiererin? Sie auf den Irrtum hinweisen? Sie war so unfreundlich zu mir! Ach was, zu allen! Ist das professionell? Ist der Kunde nicht König? Und alles wegen 30 Cent? Aber kommt es darauf an, ob man 30 Cent unberechtigterweise kassiert oder 30 Euro oder 30 Millionen? Hängt Moral von der Größe der Summe ab? Man muss doch ehrlich sein. Macht man sich nicht sogar strafbar? Ist das sittlich? Und wie hätte ich gemeckert, wenn sie mir nur

10 Cent rausgegeben hätte! Allerdings werden nun der Kassiererin bei der Abrechnung 30 Cent fehlen, die sie bestimmt aus eigener Tasche bezahlen muss. Es sind schon Angestellte wegen solch geringfügiger Anlässe abgemahnt und sogar entlassen worden. Da kann ich nicht mittun. Und darf man sein Handeln danach richten, ob der andere einem sympathisch ist oder nicht? Was soll ich tun?

2. Was sollen wir tun?

Das ist die klassische Frage der Ethik: „Was soll ich tun?"
Das meint: Ich habe die Wahl. Was soll ich wählen?

Bevor ich eine Antwort versuche, möchte ich kurz meinen Wortgebrauch offenlegen. Denn viel Unheil ist in die Welt gekommen, weil man nicht klar sagte, wovon genau man sprechen wollte.

Ein Blick ins Wörterbuch
Moralisch, sittlich, ethisch ... ist das eigentlich alles das Gleiche? Nein. Man muss die Bedeutungen unterscheiden. Dabei hilft sehr gut das „Lexikon der Ethik" von Otfried Höffe (* 1943). *Moral* und *moralisch* bezeichnen danach die jeweils *vorzufindenden* Sitten, von der die Sittlichkeit zu unterscheiden ist. Mit *sittlichen* Urteilen werden Handlungen *begründet*. *Sittlichkeit* bezeichnet also nicht, was faktisch gilt, sondern was gültig sein *soll*. *Ethik* ist die systematische Auseinandersetzung mit dem, was sittlich gelten soll.

Allen Ernstes
Zurück zum Beginn: Beabsichtige ich allen Ernstes in solch einer banalen Situation wie jener im Supermarkt eine wissenschaftliche Ethik zu Rate zu ziehen? Fängt Ethik nicht erst bei der Frage an, ob man Kriege mit Gewalt verhindern oder Freiheit mit Bomben erzwingen darf? Ob man ein vollbesetztes Passagierflugzeug abschießen darf, wenn ein Terrorist es in ein ausverkauftes Fußballstadion steuern will? Entschieden: Nein. Sittlich relevant kann

alles Handeln sein. Auch die Reaktion auf das zu viel herausgegebene Wechselgeld. Auch, wenn man der kleinen Schwester Schokolade vom Weihnachtsteller stibitzt. Ethische Regeln müssen sich in *jeder* Situation bewähren. Bei Schokolade und 30 Cent ebenso wie beim Einsatz der Atombombe. Warum das so ist, will ich gerne erklären. Dafür brauche ich aber die nächsten 200 Seiten. Ich werde erst einmal bei meinem Beispiel bleiben … Wenn es sehr schlicht ist, umso besser: Dann machen wir es uns nicht unnötig kompliziert. Aber Sie können selbstverständlich meine Schlussfolgerungen immer an einem umfassenden Problem passender Größe überprüfen.

Showdown
Stellen wir das Beispiel gleich mal auf die Probe. Viele meiner Freunde sagten: „In einer solch banalen Situation wie jener im Supermarkt zieht man doch keine Ethik zu Rate! *Man handelt spontan*, aus dem Bauch heraus. Oder aus der Hüfte. Wie beim Pistolenduell im Western. Showdown. Man wird ihr doch *sofort* …"

… aber kann man solch spontane Entscheidungen rechtfertigen? Aus dem Bauch heraus betrachtet, war mir die Kassiererin nicht sehr sympathisch. Da hätte ich ihr gerne für all die Demütigungen einen Dämpfer gegeben. Statt das Geld zu geben, hätte ich es ihr gern heimgezahlt! Wie sie mit der alten Dame umgegangen ist oder mit den Kindern. Aber darf man sich rächen? Kann man *immer* aus dem Bauch heraus handeln? Und wenn nein, wann dann nicht? Würde diese Regel gelten, dann übrigens hätte bereits die Kassiererin richtig gehandelt. Sie war schlecht gelaunt, mochte uns nicht und hat es uns allen gezeigt! Sie wäre der Innbegriff von Sittlichkeit! Prima!

Prima? Soll ein Richter danach urteilen, ob er den Beschuldigten sympathisch findet? Soll die pädagogische Fachkraft in der Kita die Liesl maßregeln, weil sie sie nicht mag, beim Niklas aber alles durchgehen lassen, weil er so knuffig ist? Wirft man eine Atombombe, weil man wütend ist? Handlungen muss man doch vernünftig und verantwortlich begründen!

Das tut man nicht

Nun gut, dann könnte man im Supermarkt-Fall sagen: Wer sich Geld unrechtmäßig aneignet, verstößt gegen das, *was alle Menschen als falsch ansehen*. Gegen die Konventionen.

Aber allein, dass ich gezögert und das Geld nicht spontan zurückgegeben habe, zeigt, dass eben nicht *alle* Menschen in dieser Situation gleich handeln würden. Ich gehöre ja auch zu *allen* Menschen – und wenn *ich* zweifle oder auch nur zucke oder zögere, deutet das an, dass es nicht immer dieses *gemeinsame* Einverständnis darüber gibt, wie zu handeln ist. Manche werden sagen: „Wenn du das Geld zurückgegeben hättest, hättest du den ganzen Laden nur unnötig aufgehalten!" Oder: „Ach, bei 30 Cent! Was machst du dir da für Gedanken!" Oder: „Wenn die so unfreundlich war! Selbst schuld! Da gebe ich nichts zurück!" *Sich auf die Meinung der Allgemeinheit zu berufen, geht nur, wenn die Allgemeinheit eine einzige Auffassung hätte*: Mein Zögern und die Kommentare meiner Freunde zeigen aber, dass dieser Konsens fehlt. Und genau für diese Situation brauche ich eine Antwort.

Ethik braucht man nicht, wenn *alle* wissen, wie's geht …, sondern nur dann, wenn man zögert und zweifelt. Wenn es unklar ist und unübersichtlich. Wenn jeder etwas anderes sagt. Ethik braucht man nur im Dissens. Im Pluralismus. In der multikulturellen Gesellschaft. In der Demokratie. In der Vielfalt. Einigkeit und Einheit brauchen keine Ethik. Ich will diesen Satz einmal festhalten. Damit man ihn nicht vergisst:

(1) Ethik braucht man nur, wenn es keine allgemein anerkannte gültige Moral gibt.

Ich sage es schon mal prophylaktisch an dieser Stelle: Wir werden nie mehr eine einheitliche Moral haben. Einen *common sense*. Die Menschen der Welt werden nie mehr mit einem Wort reden. Die einzelnen Länder auch nicht. Nicht mal die Familien oder Ehepartner. Meinungsvielfalt bleibt der Normalfall. Kulturelle Differenzen sind der Alltag. Deshalb brauchen wir die Ethik.

Recht und Ordnung

„Aber das stimmt doch gar nicht! Es sagt doch nicht jeder etwas anderes. Die *Gesetzeslage* ist doch klar!" ... Dieser Verweis verschiebt allerdings mein Problem nur. Mein Einbehalten von fremdem Eigentum im Supermarkt wäre vielleicht wegen Geringfügigkeit vom Gericht abgewiesen worden ... (... obwohl es auch schon wegen solcher Geringfügigkeiten Kündigungen gab ... siehe oben. Es geht also nicht um die Größe des Vergehens, sondern ums Prinzip.) Wichtiger aber ist der Umstand, dass sich auch der Richter auf einen Grundsatz berufen muss, wenn er sein Urteil fällt. Woher weiß es der Richter? Aus den Gesetzen! Und wie kommen Gesetzgeber zu ihren Gesetzen? (Genaueres dazu im Kapitel 5.)

Besuch der Alten Bibliothek

Für Begründungen aller Art sind heute die Wissenschaften zuständig. Bei der Frage nach der Geldrückgabe im Supermarkt wäre also die *Ethik* zuständig. Denn *Ethik* ist die „philosophische Wissenschaft vom Sittlichen" (wie es der alte Brockhaus formuliert). Wenn man nicht weiß, wie man handeln *soll*, dann muss man sich dieser Wissenschaft bedienen. Ebenso, wie man sich der „Wissenschaft vom Gesunden" bedient, wenn man an Halsschmerzen leidet oder sich die Hand verstaucht hat.

Aber nun entsteht ein Problem: Sie erkennen es sofort, wenn Sie einmal die Abteilung *Ethik* in der Bibliothek eines philosophischen Instituts in Ihrer Nähe aufsuchen. Sie sehen mit einem Blick, dass Sie all diese Bücher in ihrem Leben nicht werden lesen können, auch wenn sie nichts anderes täten, als *nur* diese Bücher zu lesen. (Ist es sittlich, nur zu lesen und nicht zu handeln?) Es sind nicht tausende, es sind hunderttausende, und dazu noch in allen Sprachen der Welt. In Altpersisch zum Beispiel, denn die Ethik ist eine alte Wissenschaft. Vielleicht – zusammen mit der Theologie und der Heilkunst, der Politik, der Pädagogik und der Poetik – die älteste Wissenschaft. Sobald man nämlich merkte, dass man nicht nur etwas tun *muss*, sondern etwas tun *kann*, stellte sich die Frage, was man tun *soll*: Soll ich, was ich kann? Und: Was soll ich von dem tun, was ich tun könnte? (Und diese Fragen haben die ersten Menschen recht bald gestellt. Vermutlich gleich am ersten Tag. Mehr davon im Kapitel 7.)

Die Ethik entsteht aus dieser Differenzerfahrung: *Soll ich, was ich kann?*

Dabei gilt: Auch wenn ich keine Entscheidung treffe, habe ich eine Wahl getroffen. Auch das süße Nichtstun ist für den Ethiker ein *Handeln*: Wer einem Mitmenschen, der auf dem Glatteis ausgerutscht ist, nicht wieder auf die Beine hilft, sondern *zuschaut*, der *handelt*. Er unterlässt etwas, nämlich die Hilfeleistung. Daraus folgt: *Wir können nicht Nicht-Handeln*. Und das heißt: Wir können gar nicht ohne Ethik leben. Wäre das die zweite Regel einer Ethik?

(2) All unser Handeln ist immer schon ethisch relevant, ob wir es nun wollen oder nicht.

Die grundlegende Frage der Ethik stellte sich demnach in dem Augenblick, in dem ein Mensch sich aus den Selbstverständlichkeiten löste und begriff, dass es mehrere Wege zum Ziel gibt. Und dass es mehrere Ziele gibt. *Welchen Weg sollte er zu welchem Ziel wählen?* Den Umweg über ungenutztes Land – oder den kürzeren über das Land, auf dem andere Menschen wohnen, deren Felder man dann beim Durchzug allerdings ein wenig platt tritt und als Weide unbrauchbar macht?

Suchen wir nach Antworten für jenen ersten Menschen. Gehen wir in die Bibliothek. Nur zu Besuch. Nehmen wir nach und nach einige Bücher aus dem Regal, blättern und lesen wir. Zum Beispiel in jenen, die erklären, dass Ethik gar nicht möglich sei: Es könne gar keine allgemeine Ethik geben, *weil man es immer selbst wissen müsse.*

Buchausleihe: Ein Do-it-yourself-Ratgeber
Muss jeder selbst wissen: Ist das ein Argument *gegen* die Ethik? Keinesfalls! Natürlich muss man es selbst wissen. Auch wenn man ein Auto fährt, muss man selbst wissen, wie man es zum Fahren bringt. Das spricht aber doch nicht dagegen, dass man ein Auto nach den Anweisungen der

Bedienungsanleitung fährt. Es fährt für alle nach den gleichen Mechanismen, die der Mechaniker genau kennt. Vielleicht ist die Ethik eine solche Mechanik? Sie will uns die Regeln sittlichen Verhaltens erklären. In Einzelschritten. Von Level zu Level.

Wir müssen immer alles selbst wissen und tun. Denn nur dann können wir verantworten, was wir tun. Aber das schließt ja nicht aus, dass es Regeln für unser Tun gibt – wie in der Mechanik.

> **(3) Wir müssen immer alles selbst wissen. Nur wir selbst tragen die Verantwortung für unser Tun.**

Wenn unser Handeln Folgen hat (und *all* unser Handeln hat Folgen, auch das Nichtstun), dann hat derjenige die Verantwortung, der handelt. Um handeln zu können, muss er es selbst wissen. Nur muss er sich kundig machen, um es selbst wissen zu können – und dabei könnte ihm die Bibliothek des Philosophischen Instituts, Abteilung Ethik, helfen.

Buchausleihe: Es geht alles vorüber
Da stoßen wir in der Bibliothek zufällig auf ein anderes Buch. Ein Buch voller Fußnoten, in dem akribisch bewiesen wird: Die Ethiken haben sich im Laufe der Geschichte gewandelt. Was vor 100 Jahren noch gerichtlich geahndet wurde, sei heute erlaubt. Und umgekehrt. Was früher erlaubt gewesen sei, sei heute verboten. Etwa Kinder zu schlagen. Das sei heute verboten. Alles, was als sittlich angesehen würde, sei daher kulturell bedingt und damit relativ. Wenn jedoch etwas relativ sei, dann müsse man das nicht weiter ernst nehmen.

Eine merkwürdige Konsequenz! Wenn man immer so argumentiert hätte, dann wären wir im Urzustand verblieben. Wir würden leben wie die Tiere. Unsere Vorfahren hätten gesagt: „Ach was, Gräser zu Getreide zu veredeln! Wozu? Alles Wissen über Getreideanbau ist kulturell bedingt und damit relativ. Wenn etwas relativ ist, dann muss man es nicht weiter ernst nehmen. Jeder will was anderes anbauen, da lohnt es gar nicht, dass wir anfangen, etwas anzubauen!"

Auch die Zubereitung des Essens unterliegt historischem Wandel. Verzichten wir deshalb auf neue Rezepte? Alles unterliegt immer dem Wandel, aber das ist doch kein Grund, auf das bessere Verfahren zu verzichten. Das Bessere hat immer Anteil am Besten, das den Maßstab abgeben muss. Sollen wir heute aufs Essen verzichten, weil wir ahnen können, dass es in 200 Jahren viel, viel gesünderes Essen geben wird als heute?

Wandel kann „Verbesserung" heißen, und es ist nicht einzusehen, dass sich nicht auch die Ethik zum Besseren hinwenden, sich also verbessern könnte, wenn sich selbst Kochrezepte verbessern lassen.

(4) Weil alles relativ ist, können wir es stets besser machen.

Allerdings ist nun zu ahnen, warum es so viele Ethiken geben *kann*: Nicht weil die Ethiken relativistisch sind, sondern weil sie verbesserbar sind. Jede Ethik will Anteil am Guten haben. Am Absoluten. (Ansonsten müsste man sich nicht abmühen.) Man lernt hinzu, viele wissen mehr und daher kann man auch alte Probleme neu formulieren.

Buchausleihe: Die Geschichte der sich zersingenden Sängerin
Da bliebe ich aber sehr an der Oberfläche. Man könnte da einmal ganz in die Tiefe gehen und grundsätzlich werden: (1) Es könne keine endgültige Ethik geben, weil sie durch Vernunft begründet sei! Die Vernunft sei aber nicht zu begründen, ohne sie schon vorauszusetzen. (2) Es könnte sein, dass die Vernunft einen Widerspruch in sich selbst habe, eine Dialektik, nach der die Vernunft das, was sie aufbaut, zugleich zerstört. Indem die Vernunft die Welt in Begriffe bringe, zerstöre sie den Eigensinn der Welt. Indem die Vernunft den Menschen als Mensch definiere, spreche sie nicht mehr vom Menschen vor allem Begreifen, sondern nur noch von dem, was an ihm vernünftig begriffen wurde. Die Vernunft sei eine Sängerin, die beim Singen ihre Stimme ruiniert. Sie müsse singen, weil man sie sonst nicht hörte, aber wenn sie singe, zerstöre sie ihre Stimme. Nur wenn sie nicht sänge, bliebe ihr Gesang schön. Sie müsse stumm bleiben, damit sie schön singen könne.

Übersetzt: Die Welt sei so schlecht, weil die Menschen versuchten, sie durch Vernunft zu gestalten. Am Anfang sei die Tat. Nicht reden, sondern handeln.

Na, hier versucht jemand, an einem Seil hochzuklettern, das er selbst in den Händen hält. Denn die Vernunftkritiker lassen unberücksichtigt, dass auch ihr Einwand *vernunftbegründet* ist. Der Ratschlag „Misstraue der Vernunft" will doch selbst vernünftig sein und scheint daher nicht so ganz zu Ende gedacht zu sein.

Zudem könnte man fragen: „Warum soll ich nicht der Vernunft folgen?" – „Weil immer dann … " Und dann kämen lange Aufzählungen, warum es *vernünftig* sei, der Nicht-Vernunft zu folgen. Nur sind das ja alles Vernunftgründe. Also nichts Neues.

(5) Wir können immer nur vernünftig sein.

Wenn wir der Nicht-Vernunft folgen sollen, dann bräuchte uns das niemand zu sagen. Dann würden wir es tun, auch ohne solche Ratschläge. Aus Vernunftgründen der Vernunft nicht zu folgen, ist etwas sehr wild gedacht. Wir Menschen, wir *können* der Vernunft folgen oder eben nicht. Weil wir etwas tun können oder sein lassen können, müssen wir dafür vernünftige Gründe angeben. Also folgen wir immer der Vernunft.

Wenn die Vernunft unbegründbar ist (und mithin alles *nicht* gerechtfertigt, was mittels Vernunft gefunden wird), dann trifft diese Behauptung auch die Kritik an der Vernunft. Sie wäre dann nicht gerechtfertigt. Wenn man die Vernunft ablehnt, dann gibt es auch keine gültige Kritik an der Vernunft – jedenfalls so lange nicht, wie sie mittels Vernunft formuliert wird.

Sitten der Unsittlichkeit
Ein weiteres Problem ist, dass alle die, die zeigen wollen, dass es keine gültige Ethik geben kann und daher soll, dies nur deshalb zeigen können, weil *ihre* Ethik gilt. Denn sie fordern, was alle Ethiker immer gefordert haben: das richtige Leben. Sie behaupten ja, dass es vernünftig*er* sei, sich gegen die Ethik zu entscheiden. Sie argumentieren somit *aus sittlichen Gründen* gegen die Ethik. Das allerdings, finde ich, ist ein Taschenspielertrick: Zu sagen, es sei sittlich, keine Ethik zu haben. Hätten sie dann nicht besser geschwiegen, anstatt die bereits schon alexandrinisch angewachsene Bibliothek durch weitere Bände zu vergrößern? Man sollte sie aussondern …

Bücherverbrennung

... doch halt: Wäre es nicht unsittlich, diejenigen nicht zu Wort kommen zu lassen, die sagen, es gebe keine gültige Ethik?

Nein, das wäre nicht unsittlich. Man kann diese Bücher gewissensruhig ausrangieren und verbrennen – denn sie sagen ja, dass es *keine* gültige Ethik gebe. Also kann es auch nicht unsittlich sein, ein Buch zu verbrennen oder den Autoren sonst wie das Wort zu verbieten.

Oder andersherum argumentiert: Wenn es keine Ethik geben kann, könnte es dazu kommen, dass die Kritiker der Ethik diese ihre Kritik gar nicht formulieren könnten, weil man sie als Kritiker aussperrt, ausschließt, verbannt, vergiftet, enthauptet oder verbrennt. Das müssten sie dann allerdings akzeptieren. Denn sie bestreiten ja die Möglichkeit einer gültigen Ethik.

Ethik im Hinterhalt

Wer behauptet, dass es keine gültige Ethik gebe, kann dies nur, weil er eine gültige Ethik im Hinterhalt weiß, und zwar eine Ethik, nach der es erlaubt ist, dies zu behaupten. Er setzt eine gültige Ethik voraus, in der erlaubt wird, dass man sagen kann, was man denkt. Man darf zum Beispiel sagen, dass es keine gültige Ethik gebe.

Wenn man aber voraussetzt, dass es bereits eine gültige Ethik gibt, die gilt, und *gleichzeitig* mit der Sicherheit dieser Ethik im Hinterhalt sagt, es könne keine gültige Ethik geben, dann fallen Reden und Handeln doch sehr weit auseinander. Diese Ethiken halten sich nicht einmal selbst an die eigenen Regeln: „Gültig ist, dass es keine gültige Ethik geben kann." Wer das sagt, ist der Erste, der schon beim Aussprechen der Regel die soeben aufgestellte eigene Regel bricht. Kein guter Anfang! Und ließe sich nicht aus dieser Überlegung eine weitere Forderung an jede Ethik ableiten, nämlich …

> **(6)** … dass eine Ethik sich beim Aufstellen der Regeln selbst an die Regeln halten muss, die sie aufstellt.

Buchausleihe: MRT (Lehrbuch der Magnetresonanztomographie)
Doch hier präsentiert sich ein ganz neues Buch in der Ethikbibliothek. Viel ausgeliehen: Es behauptet, dass wir keine Ethik bräuchten, weil das Handeln des Menschen determiniert sei, letztlich also unfrei. Das könne man sogar mit eigenen Augen sehen, nämlich dann, wenn man einen Menschen in ein MRT, einen Gehirnscanner lege. Da würde man sehen, dass die Entscheidungen schon gefällt sind, bevor sie das Bewusstsein erreichten.

Darauf würde ich antworten: „Wozu sagen Sie mir das? Sie brauchen gar nichts zu sagen. Denn alles ist determiniert. Schweigen wir doch einfach. Beide! Wenn unser Denken und damit unser Handeln determiniert sind, dann sind auch solche Behauptungen und Beobachtungen determiniert. Dann ist auch determiniert, dass ich jene Autoren nicht zu Wort kommen lassen werde. Ich kann ja nichts dafür. Alles ist determiniert, das haben die Autoren selbst gesagt. Stellen wir die Bücher weg."

Wenn alles determiniert wäre, dann bräuchten wir auch keine Forschung. (Schon überhaupt keine, die eben dies feststellt.) Dann können wir uns das Geld sparen und in Urlaub fahren. Denn diese Forschung würde nur feststellen können, *was auch ohne sie schon gilt* und auch ohne sie vollzogen wurde und vollzogen werden wird. Denn es wäre ja alles determiniert. *Wozu Hirnforschung, wenn sie nur das feststellt, was auch ohne Hirnforschung feststeht?* Wozu soll man etwas feststellen, was man doch nicht ändern kann?

Wenn man es allerdings – auf Grund der Forschung – doch ein ganz klein wenig ändern kann, dann wäre nicht alles determiniert. Dann stimmt aber die Voraussetzung nicht. Wenn Neurowissenschaftler sagen: „Ja gut, nicht alles ist *ganz* determiniert", dann beschäftigt sich die Ethik mit dem, was *nicht* determiniert ist. Es kann daher nicht die Vernunft sein, die determiniert ist, denn die fällt jetzt eine Entscheidung darüber, womit wir uns beschäftigen und womit nicht.

(7) Ethik beschäftigt sich mit jenen Handlungen, die nicht durch die Natur determiniert sind.

Neurowissenschaften lohnen daher nur, wenn sie Freiheit voraussetzen. Wenn nicht, sind sie vergebliche Forschungsmüh', weil sie nur beschreiben, was auch ohne sie geschäh'. Erst wenn die Neurowissenschaftler in Bezug auf die menschliche Vernunft Freiheit *voraussetzen*, so dass man sich für, aber eben auch gegen die Hirnforschung entscheiden könnte, macht diese Forschung Sinn. Jedes Fördermittel *für* die Hirnforschung setzt also voraus, was manche Neurowissenschaftler nach Ausnutzung der Fördermittel bestreiten: die Freiheit, den richtigen Weg zu wählen. Vielleicht aber ist das Geschäft der Hirnforschung der Beweis für das, was Philosophen so gerne voraussetzen, aber nicht gut nachweisen können: die Freiheit des Menschen, sich selbst zu denken. Seine Würde.

Damit haben wir einen weiteren Grundsatz der Ethik gefunden:

(8) Ethik ist nur nötig und sinnvoll, wenn wir Freiheit voraussetzen.

Wir müssen die Freiheit, uns entscheiden zu können, voraussetzen. Denn nur dann, wenn wir uns falsch entscheiden können, sind wir *aufgerufen*, uns richtig zu entscheiden. Nur dann können wir Ver*antwort*ung tragen, also *Antwort* auf einen *Anruf* geben: Handle richtig und gut!

Dienst ist Dienst
Nun erleben wir täglich, dass wir nicht frei sind: Wir möchten ausschlafen, aber unser Dienst beginnt um 8:00 Uhr. Die Stechuhr beschränkt unsere Freiheit der Zeitgestaltung. Wir möchten zur Arbeit radeln, wohnen aber im mietgünstigen Vorort. Keine freie Wahl des Verkehrsmittels. Wir haben Lust auf chinesisches Essen, aber in der Kantine gibt es nur Currywurst und Frikadelle. Wir möchten Urlaub machen, haben aber kein Geld. Wir möchten vorm Kino parken, aber da besteht Halteverbot. Und was sollen erst die Menschen sagen, die als Beamte weisungsgebunden sind? Oder was sollen die Insassen von Gefängnissen und Gefangenenlagern zu der These anmerken, dass alle Menschen frei sind?

Wir leben in einem System von Regeln, die uns viele Freiheiten nehmen, die etwas vorschreiben oder verbieten, die Strafen androhen oder uns durch Belohnungen locken: Wenn du fleißig bist und tust, was man dir sagt, geht es dir besser!

Der kleine Unterschied
Aber haben Sie den kleinen Unterschied bemerkt? Ich hatte geschrieben: Die Regeln nehmen uns *Freiheiten* (Plural).

Sie nehmen uns aber nicht die *Freiheit* (Singular). *Freiheit* ist etwas, was jedem Menschen zukommt; *Freiheiten* sind Handlungsmöglichkeiten, die man im zwischenmenschlichen Kontakt verteidigen, bewahren oder erstreiten muss. Und nun wird es scheinbar paradox: Die Unfreiheiten entstehen, weil alle Menschen frei sind ... und frei sein wollen. Diese Unfreiheiten auf Grund von Freiheit nennt man manchmal *Pflicht* oder *Gesetz*.

Der eine will um 14:00 Uhr die Freiheit haben, laut Musik zu hören. Sein Nachbar will um 14:01 Uhr die Freiheit haben, sein gewohntes Mittagsschläfchen zu halten. Beide Nachbarn haben die Freiheit der Wahl – Musik hören oder schlafen. Sie können sich diese Ziele setzen. Sie sind (wie die Philosophen sagen) *prinzipiell* frei. Aber weil alle Menschen prinzipiell frei sind, kann es zu Konflikten kommen, weil manche Freiheiten unverträglich zueinander sind: laut Musik hören *und* schlafen. Und nun beginnt man, angesichts von Freiheit die Freiheiten auszuhandeln, zu erstreiten, zu erkämpfen oder mit der Gewalt des Vorschlaghammers durchzusetzen. Was dann passiert, nennt man Geschichte. Unter der Perspektive der Ethik ist die menschliche Geschichte nichts anderes als das Austarieren von Freiheiten. Aber dass es eine Geschichte der Frei- und Unfreiheiten überhaupt gibt, setzt Freiheit voraus. Die Anthropologen sagen: Der Mensch ist dazu bestimmt, sich selbst zu bestimmen.

Zur Freiheit bestimmt

Ja, es kommt noch herber: Wir können uns entscheiden; und weil wir uns entscheiden können, *müssen* wir uns entscheiden. Denn es entscheidet sich nichts mehr. Nichts geschieht mehr von allein, wenn wir wissen, dass es nicht mehr von allein geschehen *muss*. Wir sehen zehn Eissorten, und wenn wir zum Eiskonditor sagen: „Egal, was Sie in den Eisbecher füllen", dann haben wir uns entschieden. Für die Gleichgültigkeit. Wir *müssen* uns also immer selbst bestimmen. Koalabären müssen Eukalyptusblätter fressen. Ausschließlich. Uns sagt kein Instinkt, ob wir Austern schlürfen oder Leberkäs kauen sollen. Ob wir irrtümlich ausgezahltes Wechselgeld zurückgeben sollen oder nicht. Ob wir Hirnforschung subventionieren oder nicht. Wir können alles bedenken und dann entscheiden, was wir tun. Wir können uns daran orientieren, was uns guttut. Aber wir können uns auch anders entscheiden. Wir können regelmäßig ein Bierchen mehr trinken, viele süße Verführungen vor dem Fernseher naschen und unsere Gesundheit schädigen. Diese Freiheiten haben wir. Wir können gesund leben, aber wir müssen es nicht. Tiere *müssen* gesund leben. Ein Wolf wird vermutlich nie von sich aus vegan werden und ein Rindvieh kein Fleischfresser. Aber wir Menschen können uns entscheiden, was wir essen wollen.

Damit ist auch die Frage beantwortet, ob der Mensch frei sein *soll*. Die Antwort: Er ist es. Er kann gar nicht anders. Wenn jemand sagt: „Ich will unfrei sein!", dann ist das seine freie Entscheidung. Er muss sich entscheiden, indem er sagt: Jene Tiersorten streiche ich von meiner Speisekarte – und jene nicht. Vorgeschrieben ist das nirgends. Man muss Gründe finden. Diese Aufgabe, Gründe vortragen zu müssen, weil nichts von sich aus gilt, kann man Freiheit nennen. *Freiheit ist also die Freiheit zum Begründen.*

Was genau wir begründen müssen, das hängt von den historischen und sozialen Umständen ab. Als Amerika von

Europäern noch nicht entdeckt war, konnte man Floridas Strände nicht als Reiseziel wählen. Also war die Auswahl der Reiseziele begrenzt. Aber die Europäer konnten anderswo herumziehen.

Jeder Mensch ist prinzipiell frei, aber er lebt in einem historisch entstandenen System von Freiheiten und Unfreiheiten, die er angesichts seiner prinzipiellen Freiheit gestalten muss. Das ist seine Chance ... und seine Pflicht.

Warum ist das so?

Damit habe ich einen kleinen Freiheitsbeweis versucht. Aber ich habe nicht die Frage beantwortet, warum das so ist. Ich hatte schön verschleiernd geschrieben, dass dem Menschen „Freiheit zukommt". Wer lässt sie ihm zukommen? Und nun bin ich in arger Bedrängnis. Ich muss offenbaren: Ich weiß es nicht. Ich *glaube* es zwar zu wissen, aber ich weiß es nicht sicher. (Davon später.)

Denn wenn man sagt, dass der Mensch *von Natur aus* frei sei, hilft das auch nicht wesentlich weiter: Wer oder was ist „Natur"? Warum sollte diese personifizierte Natur ein Wesen hervorbringen, das sich gegen eben diese Natur (die es doch hervorgebracht hat) wenden kann? Was hat die Natur davon, dass sie ein Wesen herausmendelt, das sie, die Natur, abschaffen kann – z. B. durch extensive Nutzung, Verschmutzung oder Zerstörung? Schauen wir in der Bibliothek nach einer Antwort.

Kakerlaken (Buchausleihe)

Manche Ethikbücher der Bibliothek enthalten Evolutionstheorien oder suchen Hilfe bei der Verhaltensforschung („Ethologie"). Sie legen nahe, dass sich freie und vernünftige Wesen besser an die jeweiligen Umstände anpassen können als unfreie Wesen. Die Evolution habe den freien Menschen hervorgebracht.

Da habe ich nun große Zweifel. Wenn man nämlich in zoologischen Fachbüchern nachschlägt, erfährt man, dass die liebenswürdigen Kakerlaken älter als die Menschheit sind und fähig, unter fast allen Umweltbedingungen zu überleben. Nur wenn man mit dem Hammer draufschlägt, bekommt man sie klein. Dann stehen aber schon zehn neue Kakerlaken zur Vermehrung bereit. Es sind wahre Überlebenskünstler. Sie sollen zudem resistent gegenüber radioaktiver Bestrahlung sein. Sie können nicht anders als zu überleben.

Noch ist die Geschichte nicht zu Ende, und wir wissen nicht, ob am Ende die Erde von Menschen oder von Kakerlaken bevölkert sein wird. Bleiben am Ende die Kakerlaken übrig, dann hätte nicht die Vernunft, sondern die Determination in der Evolution gesiegt. Unfreiheit kann viel erfolgreicher in der Evolution sein als Freiheit. Sollen wir so werden wie die Kakerlaken, weil sie sich am besten an die Umwelt angepasst haben?

Sie ahnen vielleicht, dass eine naturwissenschaftliche Begründung der menschlichen Freiheit einige Schwierigkeiten bereitet. Sie setzt voraus, dass Überleben gut ist. Ist es das? Und sie setzt voraus, dass in der Geschichte das Gute siegt. Ist das so? Oder umgekehrt, dass das, was in der Geschichte siegt, das Gute sei. Im Hinblick auf die Kakerlaken können einem Zweifel an diesen Voraussetzungen kommen.

Kurz: Ich habe vorläufig keine Antwort auf die Frage, warum wir Menschen frei sind. Ich weiß nur, dass alles Denken und Planen ausschließlich dann einen menschlichen Sinn haben kann, wenn Denken und Planen die Freiheit voraussetzen. *Wenn wir so leben, als ob wir frei wären.*

Sollte sich irgendwann einmal am Ende der Geschichte herausstellen, dass wir Menschen letztlich doch nicht frei *waren*, so war *diese* Voraussetzung dennoch richtig – denn eine andere hätten wir gar nicht annehmen *können* (weil wir ja unfrei waren). Sollte sich jedoch irgendwann definitiv herausstellen, dass wir Menschen frei *sind*, so war die Voraussetzung auch richtig (weil wir ja tatsächlich frei sind). Wir stehen also immer auf der richtigen Seite, wenn wir immer so denken, entscheiden und handeln, *als ob wir frei wären.*

> **(9) Nur wenn wir frei sind, brauchen wir eine Ethik; jede Ethik setzt Freiheit voraus.**

Wenn unser Denken determiniert sein sollte, brauchen wir uns keine Gedanken mehr zu machen. Dann lassen wir uns denken. Dann denkt irgendetwas für uns. Dann tun wir, was wir tun, ob mit oder ohne Denken. Dann ist alles gleichgültig. Dann könnten wir Forschungsmittel auch für Freikarten in Vergnügungsparks verwenden. *Wenn es kommt, wie es kommen soll, kommt es nicht drauf an.* Wenn allerdings der Mensch frei ist, dann brauchen wir eine Ethik.

Du lebst nicht zweimal
Sittliche Entscheidungen beinhalten nun nicht nur das, was wir tun, sondern auch das, was wir nicht tun. Wenn ich das Wechselgeld zurückgebe, kann ich es nicht gleichzeitig behalten. Etwas zu wählen heißt, etwas anderes nicht zu wählen. Man kann die Optionen manchmal eine gewis-

se Zeit lang offenhalten, aber einmal muss man sich dann doch entscheiden. Dann macht man etwas, und etwas anderes macht man dann nicht. Gebote sind also umgedrehte Verbote.

(10) Etwas zu tun heißt, etwas anderes nicht zu tun.

Wir handeln in diesem Sinne immer *endgültig*. Eine Vorläufigkeit des Handelns gibt es nicht. Unsere Zeit ist unwiederbringlich. Wir Menschen leben in der Geschichte. Wir vergehen in der Zeit. Für uns ist unser Leben unumkehrbar.

(11) Wir können immer nur einmal handeln.

Wir leben nicht probeweise. Man kann nur einmal handeln. Und dieses eine Mal muss es richtig gut sein. Wir können vielleicht die Folgen einer Handlung neu behandeln; aber wir können eine Handlung nicht ungeschehen machen: Wer eine Autobahnausfahrt verpasst hat, kann zwar die nächste nehmen … Aber den Zeitverlust kann er nicht ungeschehen machen.

Gebote sind Verbote
Wenn wir uns etwas erlauben, verbietet sich etwas anderes – nämlich die Sache nicht zu tun. Aber ist das noch *tolerant*, wenn man etwas verbietet? Ist das Pluralismus, wenn wir etwas nicht zulassen? Und wollen wir nicht alle tolerant sein und sollen den Pluralismus schätzen? Haben wir nicht aus Gotthold Ephraim Lessings Ringparabel (aus dem Theaterstück *Nathan der Weise*, 1779) gelernt, dass niemand weiß, wer der richtige Gott, was also die Wahrheit

ist? Mag sein, aber Lessings Parabel setzt voraus, dass es den *richtigen* Ring immer noch gibt.

Es ist nicht alles gleich gültig. Wer sagt: „*Alles* ist gut", müsste selbstverständlich auch Hunger und Krieg akzeptieren. Wer sagt: „Ich will, dass die Menschen so sind, wie sie sind", müsste auch diejenigen Menschen akzeptieren, die ihn töten wollen. Eine schöne Konsequenz!

Unbegrenzte Toleranz kann nicht richtig sein. Wer eine Ethik fordert, die alles zulässt, befindet sich im Prozess der Selbstauslöschung. Die Proklamation der Beliebigkeit („Alles ist möglich") leitet die eigene Amtsenthebung ein. Sie überlässt die Welt der Herrschaft der Mächtigen. Sie fördert Gewalt. Krieg. Denn wenn alles erlaubt ist, dann siegt faktisch der, der die Macht hat. Dann siegt die Gewalt.

Die Proklamation von Freiheit bedeutet immer auch die Deklaration von Unfreiheiten. Wer Demokratie einführt, verbietet die Monarchie. Wer Pluralismus fordert, lehnt Einheitlichkeit ab. Das hat Folgen:

Die Freiheiten dürfen nämlich nicht so weit gehen, diejenigen zu beseitigen, die diese Freiheiten proklamieren. Man kann als Sittengesetz nicht aufstellen, dass das Verbieten verboten wird. Jedenfalls kann man solch ein Gesetz dann nicht aufstellen, wenn man sich selbst nicht widersprechen will.

Es ist also nicht richtig zu behaupten, dass das Verbieten ausschließlich Ausdruck von Macht ist und damit illegitim. Ein Verbot kann Ausdruck von Freiheit sein und Freiheit sichern.

Wenn wir voraussetzen, dass sich die Menschen durch Freiheit definieren, entsteht die Verpflichtung, diese Freiheit zu achten und zu bewahren. Andernfalls würde man ihre Entstehungsbedingung zerstören. Und es ergibt sich die Verpflichtung, die Freiheit dort einzufordern, wo sie nicht beachtet wird. Wir können ja schlecht etwas voraussetzen, was wir dann in unseren Handlungen nicht achten, die diesen Voraussetzungen folgen. Das wäre ein Widerspruch zwischen Denken und Tun. Man kann nicht sagen, dass die Menschen frei sind – aber eben diese Freiheit nicht leben dürften. Wenn wir frei sind, dann müssen wir auch frei denken und handeln können.

Wenn wir für jeden Menschen Freiheit voraussetzen, dann ist die prinzipielle Unfreiheit verboten. Sie ist der logische Gegner. *Unfreiheit muss man verbieten.* Das ist eine sittliche Pflicht. Die Freiheit hat also – logisch betrachtet – Verbote zur Folge. Damit haben wir eine weitere Regel gefunden, die sich aus dem Gedanken der Freiheit ergibt:

(12) All unser Denken und Handeln muss sich an das halten, was es voraussetzt: die Freiheit.

Alle Menschen sind gleich

Wer also sagt: Ich bin so frei, dir zu verbieten, dass du frei bist – befindet sich in einem Selbstwiderspruch. Denn er missachtet die Grundvoraussetzung für alle Menschen. Damit ist vorausgesetzt, dass in Hinsicht auf die Freiheit alle Menschen *gleich* sind. Die Freiheit gilt für alle Menschen. Kein Mensch darf die Freiheit des anderen als prinzipiell eingeschränkt ansehen. Und so haben wir einen weiteren Grundsatz gefunden:

(13) Ethische Prinzipien müssen immer für alle Menschen gelten, weil alle Menschen im Grundsatz gleich sind: Alle Menschen sind frei.

Man kann demnach keine gruppenspezifische Ethik schreiben. So etwas hat man in der Tat versucht! Aristoteles (384–322) hatte (in seiner *Politik*) zwischen Bürgern und Sklaven unterschieden und nur den Bürgern Freiheit zugesprochen. Sklaven seien lebende Werkzeuge, mithin so unfrei, wie es Werkzeuge eben sind. Werkzeuge sind Gegenstände, die nur deshalb da sind, weil sie einen *Zweck* erfüllen. Ein Hammer ist nicht frei. Er ist nur für den da, der ihn gebraucht. Aber wer ihn gebraucht, der ist frei. Zum Beispiel seien dies – so Aristoteles – die Bürger Athens. Denn sie könnten Zwecke setzen. Sie könnten einen Hammer oder Sklaven zur Bearbeitung von Steinen für den Tempel oder aber zur Bearbeitung von Steinen für die Stadtmauer einsetzen.

Es darf aber nicht eine Ethik für kultivierte Athener und eine für bärtige Barbaren aus dem Norden geben. Eine strenge Ethik für Deutsche und eine lockere für Amerikaner, eine für Gläubige und eine für Atheisten, eine für Christen und eine für Muslime. Es gibt nur eine Ethik, und die muss für all jene Wesen gelten, deren Erkennungsmerkmal es ist, frei zu sein – also für alle Menschen. *Es darf also keine Ethiken (im Plural) geben, sondern es kann nur eine Ethik (Singular) geben.* Sie gilt für alle. (Gäbe es mehrere Ethiken, dann müsste es eine Oberethik geben, die zuteilt, wann für wen warum welche Ethik gilt. Also gibt es doch wieder nur eine Ethik.)

(14) Es kann nur eine Ethik geben.

Die Bibliothek im Philosophischen Institut, Abteilung Ethik, könnte daher sehr überschaubar bleiben. Es dürfte – wenn man es recht bedenkt – nur ein einziges Buch darin stehen, jenes nämlich, das für alle gilt. Denn wenn alle Menschen gleich sind (weil sie alle frei sind), dann muss für alle das Gleiche gelten. Dieses Buch zu lesen, wäre machbar, vielleicht sogar, wenn man in der Warteschlange eines Supermarktes steht.

In der Tat hat der gebürtige Schweizer Jean-Jacques Rousseau (1712–1778) als sparsamer Mensch diese Auffassung vertreten und dieses letzte Buch zu schreiben versucht. Immerzu. Es sollte das einzige Buch sein, das noch in der Bibliothek, Abteilung Ethik, stehen bräuchte. In diesem Buch sollte nachgewiesen werden, dass man gar keine Bücher braucht, um sittlich handeln zu können. Das letzte Buch sollte die Abschaffung aller (ethischen) Bücher empfehlen.

Weit hergeholt

Nun scheint eine solche Forderung vielleicht rhetorisch brillant zu sein, aber sie widerspricht all unseren Erfahrungen. Wieso sollte die gleiche Ethik für Einwohner in armen Entwicklungsländern wie für Einwohner in reichen Industriestaaten gelten? Niemand kann doch fordern, dass alle das Gleiche tun sollen! Menschen, die in der Sahelzone, und solche, die im Polarkreis leben, müssen doch unterschiedlich leben. Männer sind anders als Frauen, Erwachsene sind anders als Kinder. Die Welt der Spruchweisheiten bestärkt uns darin, dass jedem das Seine zukommen muss: Lehrjahre sind keine Herrenjahre. Quod licet Iovi, non licet bovi. („Was dem Gott Jupiter erlaubt ist, ist dem Rindvieh noch lange nicht erlaubt.") Wat den eenen sin Uhl, is den annern sin Nachtigall!

Die These, dass für alle Erdenbewohner das Gleiche gelten soll, scheint so offenbar unsinnig zu sein, dass man versucht sein könnte, jenes Buch aus der Bibliothek zu werfen, das dies behauptet. Aber warten Sie bitte mit der Entsorgung noch ein paar Zeilen: Die Unterschiede, die Sie gerade zitiert haben, gibt es aus einem einzigen Grund, nämlich dem, dass alle Menschen gleich sind. Die Menschen *können* nur unterschiedlich leben, weil sie sich darin gleichen, dass sie alle frei *sind*.

In Bezug auf die Freiheit sind alle Menschen gleich. Freilich sind die Menschen nicht gleich in Bezug daraufhin, wie sie mit dieser Freiheit umgehen. Da macht jeder, was er *will*. Dieser Wille hat auch das Recht dazu, nämlich zu machen, was er will. Dazu ist er da. Dieser Wille, zu tun, was man will, und nicht zu bleiben, der man schon immer war, macht die Würde des Menschen aus. Er ist der innerste Kern jenes Lebewesens, das sich mit diesem Willen von allen anderen Lebewesen unterscheidet. Er ist Gattungsmerkmal des Menschen. Der Mensch besteht aus seinem Willen. Er ist frei. Sein Wille ist sein Himmelreich.

(15) Tu, was du willst!

Dieser Wille ist freilich keine Beliebigkeit. Denn zumindest eines darf der Wille nicht wollen: Er darf sich nicht gegen sich selbst wenden und sich abschaffen. (Er kann es auch nicht wollen. Vielleicht ist das ein Indiz für eine Krankheit, wenn ein Wille nicht mehr kann? Krankheit wäre dann die Unfreiheit, wollen zu können.) Deswegen hatten wir gesagt, Freiheit (also der freie Wille) hat eine Grenze, nämlich das Verbot, sich selbst abzuschaffen. Man darf nicht im Widerspruch zu seinen Voraussetzungen leben. Und ich vermute, dass Sie mir zustimmen, dass dieser Satz für alle jene Wesen gilt, die einen freien Willen haben – und das sind, nach derzeitigem Wissensstand, alle Menschen. Für sie gilt *eine* Ethik.

Du willst, was du willst!
Ethik kann sich also gar nicht auf das Unterschiedliche, sondern nur auf das Gemeinsame richten, und das ist die Freiheit. Der freie Wille. Der freie Wille ist der Regent in jedem Einzelnen, jenes Organ, das die Freiheit umsetzt. *Ich tu, was ich will.* Ich will so werden, wie ich will. Aber …

… aber was auch immer ich tue, muss ich so tun, dass ich tun kann, was ich will. Der freie Wille schränkt sich durch seine vorausgesetzte Freiheit selbst ein.

Vielleicht wollen Wüstenbewohner etwas anderes als Siedler am Polarkreis, Arme etwas anderes als Reiche, Kinder etwas anderes als Erwachsene, Männer etwas anderes als Frauen. Aber ihnen gemein ist, dass sie etwas wollen *können.* Daher *müssen* alle etwas wollen, und es *muss* etwas gewollt werden, was diesen ihren Willen nicht zerstört. Weil sie sonst ihr Menschsein (ihren freien Willen) verlören.

Eine Ethik des freien Willens kann also nicht vorschreiben, wie jemand leben, was er morgens essen, tagsüber arbeiten, abends im TV schauen soll, wen er wie lieben soll, was er in seiner Freizeit machen und wen er wählen soll. Aber sie kann sagen:

(16) Was auch immer du wählst, du musst es so wählen, dass dein freier Wille nicht dabei verloren geht.

Denn es wäre nicht logisch, den freien Willen zu seiner Abschaffung zu nutzen. Das ist ein Argument dafür, warum Drogensucht nicht nur medizinisch bedenklich ist, sondern auch sittlich. Drogen machen ihre Konsumenten abhängig. Sie machen ihre Konsumenten zu Sklaven, zu Werkzeugen physischer Mechanismen. Ein berühmter Junkie hat dies einmal so beschrieben:

„Die meisten Junkies verblöden. Und das war letztlich der entscheidende Grund, der mich zur Umkehr bewegte. Wir (= die Heroinabhängigen) *kennen nur ein Thema*, und das ist der Stoff. Geht's nicht ein wenig intelligenter? Warum hänge ich mit diesen Nullen ab? Die sind langweilig. Schlimmer noch, viele sind absolut intelligente Menschen, die aber alle irgendwie wissen, dass sie sich haben täuschen lassen. Andererseits … warum eigentlich nicht? Jeder lässt sich von irgendwas täuschen, *wir* wissen wenigstens, dass wir uns zum Affen machen."

Dieses Bild vom Menschen als Affen zeigt sehr schön, dass (nach Auffassung des Abhängigen) der Mensch sein Menschsein verliert und sich unfrei wie die instinktgebundenen „Affen" verhält. Aber noch etwas zeigt das Zitat: Der ehemalige Junkie beschreibt eine Wertentscheidung. Die Wahl für die (durch den Entzug schmerzhafte) Freiheit gegen die (physisch angenehme, lustvolle) Abhängigkeit:

„Ich liebte das Zeug. Aber irgendwann reichte es. *Außerdem schränkt es den Horizont ein, bis man schließlich nur noch Junkies kennt.* Ich musste meinen Horizont erweitern (also frei sein, V.L.). Natürlich erkennt man das alles erst, wenn man den Ausstieg geschafft hat. Dafür sorgt schon der Stoff."

Dieses Bekenntnis stammt von Keith Richards, dem Gitarristen der *Rolling Stones*, jener Rockband, die es seit 50 Jahren tüchtig krachen lässt.

Aus Prinzip
Das, was eine Ethik formulieren kann, sind Grundsätze – solche, wie ich sie bisher in den kleinen Kästchen zu formulieren versucht habe. Man nennt sie in der Fachsprache *Prinzipien*.

(17) Prinzipien sind Regeln, aus denen unmittelbar keine Handlungsanweisungen (Normen) abzuleiten sind, die man aber beachten muss, wenn man handelt.

Prinzipien gelten immer. Sie sind nicht global, sondern universell. Sie sind nicht weit verbreitet, sondern gültig begründet. Sie sind nicht Ausdruck von Macht, sondern Folge der Freiheit.

(18) Prinzipien gelten nicht, weil sie akzeptiert werden, sondern sie müssen akzeptiert werden, weil sie gelten.

Prinzipien sind nicht empirisch, sondern sie ordnen die Empirie. Sie sind nicht geschichtlich bedingt, sondern machen Geschichte erst möglich.

Eine Ethik braucht nicht mehr als diese Prinzipien, und deshalb war Rousseau zu Recht der Ansicht, man könne Geld sparen, viele und dicke Bücher vermeiden, Bibliotheken verkleinern und nur ein Buch schreiben. Das sei dann das letzte Buch. Das Buch der Prinzipien.

Aus Prinzip beispielhaft

Freilich stellte sich dann heraus, dass jede Kultur eine andere Sprache spricht. Dass jede Zeit ihre Vorstellungen in eigenen Bildern malt. Dass jede Tradition ihr eigenes Wissen stapelt und ihre Vorurteile und Gewissheiten sorgfältig kultiviert. Dass jeder Autor seine Vorlieben, seinen Stil und seinen bevorzugten Wort- und Bildschatz bewahren will. *Und so können die Prinzipien, obwohl sie überzeitlich gemeint sind und auch als überzeitlich vorausgesetzt werden müssen, immer nur zeitbedingt formuliert werden.*

> (19) Prinzipien sind überzeitlich. Aber sie lassen sich nur zeithaft formulieren.

Prinzipien sind beispielhafte Formulierungen für etwas, was kein Mensch wird je zeitlos formulieren können, obwohl es zeitlos gültig ist, was er da formulieren will. (Das „Unvorstellbare zu denken", heißt es in Arnold Schönbergs Oper „Moses und Aron" [ab 1925].) Das wusste auch Rousseau, und deshalb verfiel er in seinem Bildungsessay *Emile* (1762) auf die Idee, nicht die Prinzipien aufzuschreiben, sondern Geschichten zu erzählen, aus denen dann jeder Leser, jede Generation neu die Prinzipien aufspüren und selbst suchen musste:

> „Meine Beispiele, die vielleicht für ein Individuum richtig sind, werden für tausend andere falsch sein. Wenn man ihre Grundidee (das Prinzip) begreift, kann man sie aber je nach Bedarf variieren; die Auswahl hängt vom Studium der individuellen Begabung ab, und dieses Studium von den Gelegenheiten. An euch ist es, zu erkennen, ob daraus nützliche Betrachtungen über den Gegenstand zu gewinnen sind, um

den es sich handelt. Ich unterbreite euch keineswegs die Ansicht anderer oder meine als Richtlinie; ich biete sie euch zur Untersuchung dar."

Wir können das Ewige immer nur zeithaft formulieren, aber in jedem Zeithaften steckt der Anspruch der Ewigkeit.
Oder sagen wir es so: In jedem Besonderen steckt der Anspruch des Allgemeinen. *Die Menschen sprechen nur eine Sprache, aber das tun sie in jedem Land anders.* Wir können eine andere Sprache nur deshalb überhaupt übersetzen, weil alle Sprachen auf einer einzigen Sprache fußen, die allen Menschen gemein ist. Nur kann diese Sprache nicmand sprechen – und deswegen meinen wir, es gäbe sie nicht. Wir müssen sie aber logisch voraussetzen. Denn wenn man etwas vergleicht, dann muss es ein Drittes geben, das im Verglichenen enthalten ist. Wenn man sich zwischen Bier und Wein, Matjes oder Milchschnitte entscheidet, muss es jeweils etwas Drittes geben, damit man sich überhaupt entscheiden kann. Es ist z. B. unser Geschmack. Aber Geschmack allein gibt es nicht, erst wenn man etwas schmeckt, kann er sich erweisen.

Du
Ich hatte bisher festgestellt:
– Alle Menschen sind frei.
– Die vorausgesetzte Freiheit muss beim Handeln so beachtet werden, dass die Freiheiten oder Verbote die Freiheit nicht aushebeln oder paralysieren.
Nun sollen diese Grundsätze nicht nur für den gelten, der sie aufstellt, sondern auch für den, der sie vernimmt. Denn er ist ja ebenso frei wie der, der spricht. Er ist ihm gleich. Und da entstehen gelegentlich kleinere oder größere Kon-

flikte: Wenn ich mir die Freiheit nehme, eine Party zu feiern, dann könnte es sein, dass ich damit die Freiheit meines Nachbarn einschränke, der zu eben dieser Zeit ungestört seinen Nachtschlaf beginnen möchte. Nach der bisherigen Diskussion hätten wir beide Recht. Aber beides zusammen geht nicht. Was tun?

Wir könnten uns zum Beispiel verabreden. Vielleicht will mein Nachbar am nächsten Tag gar nicht mit den Hühnern schlafen gehen, und ich möchte die Party mit leisem Kuschelrock beenden. Wir beide könnten *freiwillig* auf Freiheiten verzichten, um die Freiheit des anderen zu achten. Daraus könnte man die Regel – das Prinzip – formulieren:

> (20) Erlaubt sind anderen gegenüber solche Handlungen, die die Freiheiten des anderen so weit einschränken, wie er dies selbst in freier Entscheidung zulässt.

Damit haben wir das Problem gelöst. Bei Verständigungen entstehen keine Konflikte ... Ich spüre Ihre Zweifel. Wer wird schon freiwillig auf alle seine Freiheiten verzichten!? Verzichtet man selbst um der Freiheit eines anderen willen auf seine Freiheiten? Gibt es solche Fälle? Ja, gewiss. Da gibt es viele Beispiele. Hier ist eines:

Eine gute, grausliche Geschichte
Einmal wurde einem sehr populären Philosophen der Prozess gemacht. Am Ende der Verhandlungen waren die Richter zu der Überzeugung gelangt, dass der Philosoph die Jugend vom rechten Wege abgebracht und Gottlosigkeit verbreitet habe. Als Strafe beschlossen sie seine Hinrichtung, die mittels Gift vollstreckt werden sollte. Kurz

vor der Hinrichtung schlichen sich nun Freunde zu dem beliebten Philosophen, die alles für seine Flucht vorbereitet hatten. Sie sagten ihm, er könne ganz einfach und ohne Risiko sein Leben retten.

Und nun muss man schon genau lesen, warum Sokrates (469–399), so hieß der Philosoph, diese Fluchthilfe ablehnte und seine Freiheit dazu nutzte, auf sein Leben zu verzichten – und dies, obwohl er in einer großen Verteidigungsrede (der Apologie) nachweisen konnte, dass die Vorwürfe nicht zutrafen:

„Allein glaubte ich weder vorher der Gefahr wegen etwas Unedles tun zu dürfen, noch auch gereuet es mich jetzt, mich so verteidigt zu haben; sondern weit lieber will ich mich auf diese Art verteidigt haben und sterben, als auf jene und leben. Denn weder vor Gericht noch im Kriege ziemt es weder mir noch irgend jemandem, darauf zu sinnen, wie man nur auf jede Art dem Tode entgehen möge. Auch ist das ja bei Gefechten oft sehr offenbar, dass einer dem Tode gut entfliehen könnte, würfe er nur die Waffen weg und wendete sich flehend an die Verfolgenden: und viele andere Rettungsmittel gibt es in jeglicher Gefahr, um dem Tode zu entgehen, wenn einer nicht scheut, *alles* zu tun und zu reden. Allein, dies möchte nicht schwer sein, ihr Athener Freunde, dem Tode zu entgehen, aber weit schwerer, der Schlechtigkeit zu entgehen: denn sie läuft schneller als der Tod."

Die Flucht wäre ein Bruch mit genau jener Ethik gewesen, für die der Philosoph eingetreten war. Würde er fliehen, dann hätten sich jene Interessenverbände durchgesetzt, die auch bisher immer gegen Recht und Gesetz, gegen das Sittengesetz verstoßen hätten. *Seine Flucht, sein*

Überleben wären deren Sieg. Sein Tod aber ist ihre Niederlage.
Sein Tod war der Sieg der Freiheit.

Durch seinen Opfertod zeigt Sokrates, dass es Menschen gibt, die ihre Freiheit freiwillig einschränken. Er demonstriert ein für alle Mal, dass die Sittlichkeit über die Unsittlichkeit siegen *kann*, dass sie nicht bestechlich sein *muss*, dass die Sittlichkeit über den Tod hinaus Geltung *hat* und letztlich Recht *behält*. Sokrates hat völlig freiwillig eine seiner Freiheiten (die des unversehrten Lebens) eingeschränkt, weil er seine Freiheit bewahren wollte, nämlich sittlich zu leben. Das setzt Maßstäbe. Diese Handlungsweise zeigt, dass es möglich ist, auch dann sittlich zu handeln, wenn es um Leben und Tod geht.

Fallgeschichten
Sokrates könnte Vorbild sein, Beispiel, ein starkes Bild, das zeigt, wozu Menschen in der Lage sind. *Menschen sind bereit, auf ihre Freiheiten zu verzichten, wenn sie damit der Freiheit eine Gasse bahnen.* Zeitlich etwas später berichten gleich vier Autoren von einem ähnlich gelagerten Fall in einer römischen Provinz. Da habe sich jemand zum Tod am Kreuz verurteilen lassen, um seiner Vorstellung von Sittlichkeit treu bleiben zu können.

Dass solch Verhalten keineswegs ein Charakterzug einer historischen Einzelperson oder ein eurozentriertes Modell ist, erfährt man, wenn man den Worten des Konfuzius (551–479) lauscht: „Ein Mann von Geist und sittlicher Haltung wird nie versuchen, sein Leben auf Kosten seines Charakters zu retten. Er zieht vor, sein Leben hinzugeben, um seinen Charakter zu retten."

Freiheit heißt also weder Willkür noch Beliebigkeit. Freiheit im ethischen Sinne meint, die Möglichkeit zu haben, sittlich angemessen zu handeln. Diese Freiheit haben viele, auch ungenannte Menschen für sich in Anspruch genommen, indem sie trotz Todesgefahr jenes Sittengesetz nicht brachen, für das sie sich immer eingesetzt hatten. Sittlichkeit ist möglich.

Im Kapitel 5 versuche ich aufzuzeigen, was man macht, wenn der andere nicht fähig oder bereit ist, nach sokratischer Art auf seine Freiheiten zu verzichten, um die Freiheit zu retten.

3. Wie fällen wir eine sittliche Entscheidung?

Bisher habe ich nur beschrieben, was *Voraussetzungen* für ein sittliches Urteil sind, nicht aber, wie ein Urteil erfolgt. Wie gelangt man zu einer sittlichen Norm? Auf welchem Weg? Wenn man es genau betrachtet, verdoppelt sich die Hauptfrage der Ethik. Sie lautet nicht nur: „Was sollen wir tun?" Sondern sie lautet zudem: „Wie bestimmen wir, wie wir herausfinden, was wir tun sollen?" Widmen wir uns dieser letzten Frage zuerst.

Findungskommission
Nehmen wir als Ausgangspunkt etwas, was Sie ebenso haben wie ich. Das ist die Freiheit. Sie zeigt sich im Denken. Und im Sprechen – jener eigenartigen menschlichen Fähigkeit, auf der alles gründet. Selbst wer diesen Ausgangspunkt bestreitet, stellt sich auf ihn. Selbst wer die Geltung der Sprache missachtet, beruft sich auf ihre Geltung. Er *spricht* seinen Zweifel am Wahrheitscharakter der Sprache nämlich in Sprache aus und setzt damit die Gültigkeit von Sprache voraus.

Wer seine Sprache verliert, verliert den Weltzugang. Er kann außer dem Greifbaren nichts mehr benennen, und er begreift das Angefasste nicht mehr. Aus der Forschung zur Sprachdemenz kann man lernen: Wer seine Sprache sukzessive verliert, verliert sukzessive den Kontakt zu Welt und Menschen. (Wobei zu präzisieren ist, dass mit *Sprache* die Ausdrucksfähigkeit und nicht nur der Sprachlaut gemeint ist.)

Im Anfang war das Wort

Im Sprechen gibt man nicht unwillkürlich einen Laut von sich, sondern man macht aufmerksam … auf sich, auf andere, auf etwas. Man will etwas. Wenn man spricht, will man etwas Bestimmtes. Etwas Begriffenes vielleicht. Man will, dass gilt, was man sagt: Das Gelten*wollen* ist die Idee der Sprache. Wir können sagen:

> (21) Sprache ist Ausdruck von Freiheit. Sie ist unhintergehbar und gilt für alle Menschen. Der Gebrauch der Freiheit lässt sich am Gebrauch der Sprache erkennen.

Alles Sprechen zielt auf Geltung. Hatte Aristoteles einst geschrieben, dass jeder Mensch, der etwas wählt, immer das ihm gut Erscheinende wählt, dann trifft dies auf einen sprechenden Menschen genauso zu. *Wer spricht, will etwas.* Er will etwas zur Sprache bringen, was zur Sprache gebracht werden *soll*. (Sonst würde er nicht sprechen.) Und er geht davon aus, dass das, was er zur Sprache gebracht hat, richtiger und wichtiger ist als das, was er nicht zur Sprache gebracht hat. Sprache impliziert also immer das, was Philosophen „den Anspruch auf Geltung" nennen.

> (22) Was man sagt, soll gelten.

Machen wir die Gegenprobe: Ist ein Sprechen denkbar, dass nicht gelten will? Gibt es etwas „Unbeschreibliches"? Das ist ebenso schwer vorstellbar wie eine Handlung, die sich selbst aufheben möchte. Man kann nicht etwas tun, um mit dem Tun das Gegenteil dessen zu *wollen*, was man tut. Man kann nicht von der Skischanze springen und beim Abheben vom Schanzentisch sagen: „Ich springe doch nicht." Sobald man losgefahren ist, muss man springen. Sobald man „Äh ..." gesagt hat, warten die anderen auf das, was kommt. Und wenn nichts kommt, hat man auch etwas gesagt. Man hat sich zu Wort gemeldet. Und das gesprochene Wort gilt – oder eben das nichtgesprochene Wort. Ob man will oder nicht. Man muss ihm folgen. Man kann Worte nicht einmal zurücknehmen. Wer sich entschuldigt, klagt sich an, sagte man in Westfalen. Gesagt ist gesagt. So muss man sein Wort immer auf die Goldwaage legen.

Ich hatte festgestellt: Wer handelt, will etwas. Und wer etwas will, will immer etwas, das ihm besser scheint als das, was er nicht will. Nun wenden viele ein, dass etwa der Selbstmörder gar nicht das Gute für sich will. Aber auch hier lässt sich die Situation ganz gut klären: Der Selbstmörder will das, was *er* für das Richtige hält. Er wird sich ja nicht selbst töten, weil er es für falsch hält, sich selbst zu töten. Ob wir seinen Freitod als die für ihn richtige Option beurteilen können, wäre gesondert zu klären.

Wir müssen also unterscheiden zwischen dem, was jemand *für gut hält,* und dem, was *für ihn gut ist.* Und wir müssen unterscheiden zwischen dem, was gut gemeint, und dem, was gut gemacht ist.

> (23) Wir sprechen, weil wir das zu Sagende für gut und richtig halten. Wir sprechen, weil wir etwas Gutes (haben oder sein) wollen.

Das sind die Voraussetzungen allen Sprechens und damit allen Handelns aller Menschen.

Kann man böse sein wollen?

Aber gibt es nicht in der Wirklichkeit Belege für das ganz Böse, also dafür, dass Menschen das Böse wollen? Man würde sofort auf die Vernichtungslager, die totalitären Systeme des katastrophenreichen 20. Jahrhunderts verweisen ... und über das grenzenlose Grauen jenes stählernen Zeitalters wird kein Zweifel bestehen. Das Allergrauenhafteste aber ist, dass all jene, die die politischen Verbrechen ausgeübt haben, ... etwas Gutes wollten.

Alle Diktatoren führen bis heute ihre blutigen Staatsaktionen durch, weil sie etwas ihrer Einschätzung nach Besseres retten, bewahren oder schaffen wollen: Die Rassenreinheit, den vollkommenen Staat, die totale Gleichheit ... und was an Konzepten alles vorgestellt wurde. Dieser Wille, selbst die grausamsten Folterungen und unfassbaren ˙ Vernichtungsaktionen für etwas Gutes einsetzen zu müssen, reicht bis in die untersten Reihen der Mittäter und Mitläufer, der KZ-Wächter und Aufseher. Sie glaubten einem großen Ganzen zu dienen, wenn sie die kleinen Abweichler vernichteten. Hannah Arendt (1906–1975) spricht von der *Banalität des Bösen* (1963):

„Vor Gericht machte Eichmann den Eindruck eines typischen Kleinbürgers, und dieser Eindruck bestätigte sich mit jedem Satz, den er sprach oder schrieb."

Als dieser brave Kleinbürger tat er seinen Job, den „Verwaltungsmassenmord", bestmöglich. Hannah Arendt muss erschrocken feststellen, dass der grausame Mann „überhaupt keine Motive" hatte, „außer einer ganz gewöhnlichen Beflissenheit, alles zu tun, was seinem Fortkommen dienlich sein konnte", „und auch diese Beflissenheit war an sich keineswegs kriminell". Nun ist die Beflissenheit, beruflich voranzukommen, durchaus schon ein Motiv – und diese Aussage legt den Schluss nahe, dass selbst derjenige, der die Vernichtung von Menschen auch nur plant, schon im Planen etwas verwirklichen möchte, was *er* als gut ansieht.

Wir müssen also sehr sorgfältig unterscheiden. Ausgangspunkt unserer Überlegungen ist, dass jeder mit dem, was er sagt oder tut, etwas erreichen möchte, das für ihn wertvoll ist – ein Gut also. Allen Handlungen und allem Sprechen unterliegt diese Absicht – selbst bei fürchterlichen Persönlichkeiten und Massenmördern müssen wir die Absicht feststellen, im Sprechen und Handeln „ein Gut zu erwerben" (d. h. etwas Gutes zu wollen).

Ob das, was jemand für gut erachtet, auch *tatsächlich* ein Gut *ist*, ist allerdings nicht schon dadurch entschieden, dass es jemand *für gut hält*. Sittlichkeit kann also nicht allein auf dem fußen, was jemand für sittlich hält. Vielmehr muss man das, was man tun will, weiter prüfen.

Auf die Sprache übertragen:

(24) Was jemand sagt, ist nicht schon deshalb richtig, weil er es sagt. Aber es erhebt den Anspruch, richtig zu sein. Diesen Anspruch müssen wir bei jedem Sprechenden voraussetzen.

Und gleich die Konsequenz:

(25) Was jemand sagt, ist nicht schon deshalb richtig, weil er es sagt. Aber es erhebt den Anspruch, richtig zu sein. Diesen Anspruch müssen wir prüfen.

Wir können also bei jedem Menschen eine gute Absicht voraussetzen. Sie gründet darin, dass jeder seine Freiheit immer so nutzen *will*, dass er etwas Gutes erhält. Das ist ein anthropologischer Grundsatz. Und das Besondere: Dieser Grundsatz ist nicht zu bestreiten, weil der, der ihn für sich bestreitet, ja selbst etwas Gutes mit seinem Streit auslösen will. Er beansprucht das, was er als nicht gültig erachtet. Das geht aber nicht, weil man nicht *zugleich* etwas wollen und nicht wollen kann. Selbst das berühmte „nicht-doch", mit dem man auf eine heikle Verführung reagiert, wird am Ende beim Handeln ein Wollen. Unser Verstand lässt nicht zu, dass wir das Gleiche wollen und zugleich nicht wollen. Und schon ergeben sich daraus weitere Fragen, die wir aber aufschieben werden, um erst einmal diesen einen Gedanken zu Ende zu bringen. (Die Fragen lauten: Warum ist das so, dass wir immer das Gute wollen? Seit wann ist das so, dass wir immer das Gute wollen? Und warum sollen wir uns auf unseren Verstand verlassen? Warum gilt unser Verstand? Im Kapitel 8 werde ich einige Antworten vorstellen. Man könnte dort sofort weiterlesen ... oder erst einmal den angefangenen Gedanken weiterverfolgen. Ich werde das Zweite tun.)

Unter der Maßgabe der Widerspruchsfreiheit wollen alle Menschen *immer* das, von dem sie der Auffassung sind, es sei das Gute. Wir haben also einen Anspruch, der für alle gelten muss. Ja, der sogar für alle bereits gilt, weil alle Menschen diesen Anspruch im Denken, Sprechen und Handeln voraussetzen. Aber aus diesem Anspruch allein kann man noch nicht ableiten, dass es auch immer schon das *Gute* ist, was man will. Es muss also in einem eigenen weiteren Schritt geprüft werden, ob es wirklich das Gute ist, wenn wir etwas wollen.

Es muss alles stimmen

Denken Sie an meine Kassiererin, die inzwischen weitere Kunden rasant abgefertigt hat, während ich immer noch Gedanken verfertige: Ich hatte ja errechnet, dass sie mir 30 Cent zu viel herausgegeben hat. Wenn ich nicht rechnen könnte, hätte ich gar nicht bemerkt, dass ich unrechtmäßig viel Geld herausbekommen habe. Das nun ist eine wichtige Einsicht: Wenn wir sittlich handeln wollen (und das wollen wir *immer!*), dann ist es eine zwingende Voraussetzung, dass das, was wir tun wollen, auch sachlich zu vertreten ist. Der Kassiererin zu sagen: „Sie haben mir zu wenig Geld herausgegeben!", könnte in diesem Fall nicht sittlich sein, weil es unsachlich ist. Wir können sagen:

(26) Sittliches Handeln setzt sachliche Richtigkeit voraus.

Wir könnten gar nicht sittlich handeln, wenn wir mit sachlich unzureichendem Wissen argumentierten. Daraus folgt: Wenn keine Wahrheit vorauszusetzen wäre, dann wäre Sittlichkeit unmöglich. Denn wir wüssten nicht, was wir tun. Ich frage mich, ob ich hier wirklich argumentieren muss – oder ob es nicht für jeden noch so großen Zweifler unmittelbar evident ist, dass man nur dann sittlich handeln kann, wenn man sachlich richtige und zutreffende Informationen hat.

Aber: Was ist Wahrheit?

Spannender ist die Frage, ob es überhaupt *möglich* ist, dass wir sachlich richtige Kenntnisse haben. Dahinter verbirgt sich letztlich die Frage, ob es Wahrheit gibt. Mein Argument: Wenn es keine Wahrheit gäbe, könnten wir auch nicht moralisch handeln; denn dann wäre es gleichgültig, was wir täten, weil alles, was wir tun, zufällig wäre. Sittliches Handeln setzt Wahrheit voraus. Wenn Wahrheit prinzipiell nicht vorausgesetzt wird, dann betrifft das auch den Satz, der das feststellt. Jeder Zweifel gründet in einem Wahrheitsanspruch. Kurz zu den Konsequenzen:

Wenn ein Arzt nicht entscheiden kann, ob er einem Diabetespatienten Glucagon oder Insulin spritzen soll, „weil es grundsätzlich keine Wahrheit gibt", dann kann der Arzt nicht heilen. Dann handelt er – gleichgültig, was er macht – *immer* richtig, weil er es ja nicht besser wissen *kann*. Dann brauchen wir keine medizinische Ausbildung. Dann ist *jede* Handlung medizinisch richtig. Geben wir also dem Diabetespatienten Zucker! Wir müssen an dieser Stelle festhalten, dass die Idee der Sittlichkeit die Idee der Wahrheit voraussetzt, und können formulieren:

(27) Ohne vorausgesetzte Wahrheit ist Sittlichkeit nicht möglich.

Trostworte

Übrigens und als Trost: Unsere Sprache ist auf Wahrheit ausgerichtet. Wenn wir sprechen, setzen wir alle und immer voraus, dass unsere Sprache etwas Gültiges sagen kann. Ja, wir setzen sogar voraus, dass unser Sprechen gültig ist. Wer etwas sagt, will etwas sagen, was gilt. Selbst wenn er jemanden sprachlich täuschen will, kann er dies nur, weil er voraussetzt, dass das, was er sagt, als etwas verstanden wird, das gelten soll. Der Mensch spricht und handelt also immer schon sittlich *gut*. Die Frage bleibt, ob es sittlich *richtig* ist. Darum soll es jetzt gehen. Schauen wir uns die einzelnen Stufen oder Level an, die wir erklimmen, um zu einer sittlichen Entscheidung zu gelangen.

Level 1: Keine Sittlichkeit ohne Sachlichkeit

Beginnen wir mit der Grundstufe: Sittlichkeit setzt voraus, dass wir eine Situation besser oder schlechter bewältigen können. Man kann den Nagel auf den Kopf treffen oder sich auf den Daumen schlagen. Was ist wohl besser? Wenn wir mit unserer Tätigkeit bewirken wollen, was wir uns vorgenommen haben, müssen wir die Möglichkeit von Wahrheit voraussetzen – da unser Tun ansonsten zufällig wäre und uns gar nicht zugerechnet werden könnte. Wer würfelt, welche der im Wald gefundenen Pflanzen und Früchte man Kindern zu essen gibt, kann nicht verantwortlich kochen. Ein Koch muss sich schon auskennen mit Pflanzen und Früchten.

Wissen ist nur möglich, wenn Wahrheit vorausgesetzt wird. Aber aus dem Wissen (oder der Wissenschaft) allein folgt noch keine Handlung. Selbst bei giftigen Pflanzen ist das so.

Die Erkenntnis, dass bestimmte Pflanzen giftig sind, entscheidet nicht darüber, ob jemand diese Pflanzen zu sich nimmt. Vielleicht verspeist er sie gerade deshalb, *weil* sie giftig sind: Sokrates etwa hatte einen Becher mit Extrakten vom Schierling gerade deshalb geleert, *weil* sie tödliche Wirkung hatten. Er hat den Becher sogar freiwillig geleert. Daraus folgt der Satz:

(28) Zwar setzt Sittlichkeit Wahrheit voraus, aber aus der Wahrheit allein kann man Sittlichkeit nicht ableiten.

Wenn wir unsere Kinder gesund ernähren wollen (weil wir ihnen Gutes tun wollen), dann ist es schon wichtig zu wissen, dass Fruchtzwerge sehr viel Zucker und Nuss-Nougat-Creme sehr viel Fett enthält.

Aber wenn man nun nichts anderes zu essen hätte? Wenn es in Zeiten der Not nichts anderes zu essen gäbe, sollte man dann auf Fruchtzwerge und Nuss-Nougat-Creme verzichten, nur weil sie viel Zucker und Fett enthielten? Der Verzicht würde die Kinder nicht sehr lange am Leben halten. Man würde also in schlechten Zeiten sagen: Iss so viel Zucker und Fett, wie du bekommen kannst, damit du überlebst. Bei einer Hungersnot würden Nuss-Nougat-Creme-Bomben und zuckergesättigte Fruchtzwerge Leben retten.

Wir brauchen die Gewissheit, dass es Wahrheit geben muss. Wir setzen sie voraus. Aber keine Wahrheit sagt etwas darüber aus, wie wir mit ihr umgehen sollen: Die Geburtenrate in Deutschland ist rückläufig. Stimmt. Aber ob das gut oder schlecht ist, kann man den Zahlen nicht entnehmen. Auch die Wissenschaften können die Welt nur beschreiben, aber sie können allein auf sich gestellt keine Empfehlungen geben, wie wir mit dem Wissen umgehen sollen: Fakten weinen nicht. Sachlichkeit kann Sittlichkeit nicht ersetzen.

Level 2: Zwecke und Folgen
Stellen Sie sich eine Wanderung im Gebirge vor. Sie sind zu zweit unterwegs, und Ihr Wandergesell trägt die Wasserflasche im Rucksack. Sie bewahren die Urlaubskasse im Brustbeutel auf. Vier Stunden lang quälen Sie sich durchs Hochgebirge bis zum Gipfelkreuz. Ein strahlender Sommertag – und nun, oben am Gipfelkreuz, weit entfernt von allen Menschen, haben Sie Durst. Wer hat jetzt das wertvollere Gut bei sich – Ihr Wandergesell mit dem Wasser oder Sie mit der Urlaubskasse? Mit dem Geld können Sie da oben nichts anfangen. Es ist wert-los. Das Wasser jedoch

in der Flasche, obwohl inzwischen lauwarm, bekommt einen hohen Wert. Jeder Tropfen ist kostbar. Sie feiern die Bergbesteigung mit wert-vollem Wasser. Und nun gehen Sie zurück, vier Stunden, wandern zur nächsten Jausenstation, wo es lecker nach Tiroler Speck duftet, die Portion zu 10 €. Sie haben die Urlaubskasse, ihr Wandergesell das übrig gebliebene Wasser. Wer besitzt jetzt das wertvollere Gut – Ihr Wandergesell oder Sie? Dumme Frage! Nun plötzlich ist das lauwarme Wasser, von dem oben auf dem Gipfel jeder Tropfen kostbar war, völlig wert-los, weil hier eine Quelle dauerhaft klares Wasser spendet. Die Urlaubskasse ist jetzt der höhere Wert, denn Sie können sich Tiroler Speck und ein kühles Radler kaufen. Dinge und Handlungen haben also erst einen Wert, wenn wir sie auf ein Kriterium beziehen. Sie *selbst* haben keinen Wert.

> (29) Die Dinge und Tätigkeiten *haben* keinen Wert; vielmehr
> bekommen sie immer einen Wert verliehen.

Wir wählen nur das für uns Gute, sagten wir, etwas Wertvolles. Durch unsere Wahl zeigt sich das für uns Wertvolle. Es wird zum Wert. Wir haben (warum auch immer) Durst – und *daher* ist das Wasser ein Wert gegenüber dem salzigen Tiroler Speck. Wenn wir keinen Durst haben, sondern Hunger, ist uns das Wasser weniger wert als der Tiroler Speck. Wir wählen immer das für uns Wertvolle. Was das Wertvolle ist, kann sich schnell verändern.

Natürlich wählen wir nicht immer nur das, was uns *im Augenblick* als wertvoll erscheint. Für uns kann auch wertvoll sein, was einmal benötigt werden könnte. Wir füllen also in der Jausenstation die Feldflasche mit Wasser, weil wir wissen, dass wir beim Wandern Durst bekommen *wer-*

den. Wir werfen das am Berggipfel wert-lose Geld nicht den Berg hinunter; denn wir wissen, dass es später einen Wert bekommen wird. Aber die Grundregel bleibt: Wir wählen immer das, was uns wertvoll erscheint, ein Gut. Nichts anderes hat Aristoteles vor fast 2400 Jahren notiert. Da scheint sich das Urteilen der Menschen nicht so sehr geändert zu haben. Wenn man sich nun einmal die Grabbeigaben der frühesten Menschheitsgräber anschaut, so sieht man, dass man den Toten das mit auf den Weg gegeben hat, was nach Auffassung der Lebenden für sie wichtig, also wertvoll war. Dieses von Aristoteles beschriebene Handlungsprinzip scheint also älter zu sein als er. Es scheint mit dem Menschsein identisch zu sein.

Sprechen heißt werten
Sichern wir unsere Einsicht kurz sprachtheoretisch ab: Auch die Sprache funktioniert nach dem Wertgesetz. Sie hebt das Wichtige hervor. Wer am Waldrand sagt „Schau mal, wilde Erdbeeren!", für den sind jetzt weder Bäume noch Sträucher, Vögel oder Rehe ein Wert – sondern die leckeren Erdbeeren, die kaum jemand anderes am Waldrand sieht. Sprechen heißt werten: „Der Apfel sieht gut aus" – ja, gewiss, aber ob er schmecken wird? Das Hervorheben macht deutlich, dass man etwas anderes (möglichst) nicht bewerten möchte. Mit dem Sprechen heben wir aus einer völlig diffusen Welt das hervor, was uns „der Rede wert", also wertvoll erscheint.

Wir können gar nicht anders. Wir können nicht sprechen, ohne zu werten. „Auf der Straße fahren Autos" – wer dies sagt, findet es nicht so wichtig zu bemerken, dass sich auf der Straße auch Mopeds und Räder befinden, Fußgänger und Busse: Er hat mit seinem schlichten Satz gewertet. Sprechen ist Werten. Wer sprechen will, will werten.

(30) Wer spricht, wertet.

Der Sprecher mischt sich in die Welt ein. Von daher *hat* der Mensch von dem Augenblick an, in dem er gesprochen *hat*, bereits gewertet. Er hat sich entschieden. Er hat seine Freiheit genutzt. Und wenn Kinder zuerst *Mama* sagen lernen, so ist dies eine Wertung, und das ärgert den Papa. Denn die Mama scheint im Augenblick die für das Kind wichtigste und wertvollste Person zu sein. Also sollte der Papa sich bemühen, von den Kindern auch als Wert empfunden zu werden.

Im Werten sprechen wir den Dingen und Handlungen Zwecke zu – oder betrachten die Folgen.

Technikfreak
Die Wissensform, die sich auf methodische Art mit Zwecken (und Folgen) beschäftigt, ist oft die Technik. Techniker sagen uns, was wir mit unserem Wissen anfangen können: Astronomen sagten den Pharaonen voraus, wann der Nil über die Ufer tritt; Kanalbau*techniker* aber erklärten ihm, wie man das Wasser *sinnvoll* weiterleiten und nutzen konnte. Biologen stellen fest, dass Pflanzenzellen zum größten Teil aus Wasser bestehen; Agrar*techniker* empfehlen uns, wie wir Nutzpflanzen so bewässern, dass ihr Ertrag gesteigert wird. Andere Techniker warnen uns davor, zu viel Wasser zur Bewässerung von Pflanzen zu verwenden, die dann verfüttert werden. Das sei nicht effizient.

Level 3: Conditio Humana

Damit haben wir vielleicht einen Hinweis darauf bekommen, *wonach* wir bewerten, wenn wir Zwecke und Folgen werten. Wir bewerten sie danach, wie wichtig sie *für uns* sind. Aber wer ist dieses „uns"? Wer sind wir, wenn wir werten? Wir erachten Zwecke und Folgen als wertvoll, wenn sie uns ein gutes Leben sichern. Wir kaufen Tickets für die Dreigroschenoper, weil wir etwas über die böse Welt lernen möchten. Aber vielleicht auch nur, weil wir die Musik so schön finden. Wir besuchen ein hippes Gourmetrestaurant, weil wir gerne gut essen – oder weil wir dort wichtige Menschen treffen oder bestaunen können. Für viel Geld. Das ist es uns wert.

Die Bedingungen des menschlichen Lebens, die müssen stimmen, damit wir leben können. Diese Bedingungen des menschlichen Lebens sind die Kriterien des Bewertens von Zwecken und Folgen. Jeder will gut leben. Niemand will absichtlich nicht gut leben. (Was er als „gut" ansieht, mag sich unterscheiden: Der eine lebt gut in Saus und Braus, der andere als Einsiedler in der Wüstenei. Aber beiden gemeinsam ist, dass sie *gut* leben wollen.) Ziel *all* unseres Lebens ist das gute Leben. Wir werfen den Müll nicht in den eigenen Garten, damit wir keine Ratten anlocken, die Krankheiten übertragen. Außerdem beginnt es schnell, unangenehm zu riechen. Es sieht auch nicht schön aus ... die Sorge um die Umwelt ist die Sorge, gut zu leben.

Wir wollen schnell von hier nach dort, weil es dort schöner scheint als hier. Also nehmen wir die Mühe auf uns und planen Wege, legen sie mit Holzbohlen aus, stellen fest, dass man auf Steinen länger gut fährt, dass sie länger halten – noch besser aber ist Asphalt: Nun kommt man schnell zur Familie, wenn sie Hilfe braucht, oder aber an den Königssee, weil es da so schön ist.

Wir schaffen uns eine Welt, in der wir leben können. Diese Idee ist zeitlos und interkulturell. Selbst die Spartaner haben nur deshalb spartanisch gelebt, weil sie militärisch fit sein wollten – um gut leben zu können. Kein Regierungschef der Welt hat oder hatte je im Wahlprogramm: Wir wollen möglichst schlecht leben. Die Bewohner des Polarkreises wohnen im Iglu – weil es besser ist, warm zu wohnen, als sich Stürmen und Kälte auszusetzen. In Gegenden, in denen es wärmer ist, wohnen ortsansässige Kenner in luftigen Zelten. Wir wohnen in steinernen Häusern – denn diese schützen gegen Kälte *und* Wärme und halten recht lange. Das Preis-Leistungs-Verhältnis stimmt.

Ich brauche die Beispiele nicht auszubreiten, denn es wäre der gesamte kulturelle Diskurs der Menschheit. Kultur ist das, was sich selbst als lebenswert betrachtet. Das Beste von allem. Die Institutionen der Kultur (z. B. Politik, Wissenschaft, Medien, Künste, Gesetzgebung, Verwaltung, Bildungssystem, Militär) arbeiten heraus, was jemand, eine Gruppe, eine Gemeinschaft oder eine Gesellschaft unter *Conditio Humana*, unter menschlichen Lebensbedingungen, versteht. Folgender Grundsatz kann aufgestellt werden:

(31) Die Menschen wählen das, was ihnen bedeutsam ist. Bedeutsam ist, was ein menschenwürdiges Leben gewährleistet.

Diese Regel gilt nicht nur für uns selbst; sie gilt auch im Umgang mit anderen. Das, was menschliche Lebensbedingungen ausmacht, kann man im sachlichen Gespräch ganz gut klären. Es mag im Einzelfall knifflig sein; es mag sein, dass man in einer komplexen Welt nicht mehr weiß, wie man sich entscheiden soll … was also ein angenehmes Leben ist: Holzhaus oder Steinhaus, na ja. Drei öffentlich rechtliche Fernsehprogramme, die am Gemeinwohl orientiert sind, oder 100 private Sender, die am Profit interessiert sind – aber durch Konkurrenz das Geschäft beleben? Was ist besser? Das ist nicht ganz so einfach zu beantworten. Aber man *kann* sich einigen, wenn sich die Dialog-Parteien einigen *wollen*. Ich erinnere an Sokrates und das Prinzip 20. Und wir haben ein eindeutiges Kriterium, das bei der Beantwortung hilft.

Wenn man es in der Sprache der Bibliotheksbücher ausdrücken will, dann kann man sagen: Das Kriterium der Bewertung von Zwecken und Folgen ist die Erhaltung oder Schaffung der *Conditio Humana*, also einer Welt mit menschlichen Lebensbedingungen.

Das gilt nicht nur für ein Land. Das gilt für alle Länder. Und es gilt für die Gemeinschaft aller Länder – die Welt. Das Kriterium der Conditio Humana ist interkulturell. Keine Person, keine Region und kein Staat, wirklich niemand *möchte* absichtlich für sich möglichst schlechte Lebensbedingungen schaffen.

Ja, Menschen bringen sogar *in der Gegenwart* Opfer, um *später* einmal besser leben zu können. In der Weltgeschichte sind die Revolten und Revolutionen solche Momente: Man riskiert das eigene Leben, um es mal besser zu haben. Den Aufstand der Sklaven unter dem Anführer Spartacus erklärt der griechische Bestsellerautor Plutarch (45–125) mit folgenden Überlegungen (*Crassus,* Kap. 8):

> „Der Aufstand der Gladiatoren und die Verheerung Italiens, die bei den meisten Autoren den Namen Spartacuskrieg führt, entwickelte sich aus folgendem Anlass. Ein gewisser Lentulus Vatia unterhielt in Capua Gladiatoren, von denen die meisten Gallier und Thraker waren, welche nicht wegen schwerer Vergehen, sondern durch die Ungerechtigkeit ihres Herrn, der sie gekauft hatte, zwangsweise eingesperrt worden waren, um als Gladiatoren verwendet zu werden."

Etwas Besseres als den Tod in der Arena findet man immer! Die Gerechtigkeit nämlich! Auf den Tod hin zu leben ist kein Leben – also nimmt man den wehrhaften Tod in Kauf, um bessere Verhältnisse, menschliche Verhältnisse zu schaffen. Keine neue Erkenntnis, sondern offensichtlich so alt wie die überlieferte Geschichte.

Gut und billig

Fatalisten im Sofa könnten einwenden, dass es gleichgültig sei, ob man im Gladiatorenkampf unter dem Gejohle fanatisierter Zuschauer sterbe oder im Kampf gegen römische Elitetruppen. Nach Plutarch haben die Sklaven unter Spartacus nicht so gedacht wie die Feierabend-Fatalisten. Für die Sklaven vor Ort war es ein Unterschied, *wofür* man lebt und *wofür* man stirbt. Und wenn man den antiken Text genau liest, kann man diesen Unterschied auch erkennen. Der Tod in der Arena wurde als gerecht empfundene Strafe für jene Missetäter angesehen, die ihre Missetat eingesehen hatten: In einer lebenswerten Welt müssen die bestraft werden, die die lebenswerte Welt zerstören. Das ist doch plausibel. Das war auch den Gladiatoren plausibel. Die Aufständischen allerdings empfanden diesen Tod als ungerecht. Sie hatten doch keine Missetat begangen! Es kränkte sie in ihrer Würde, dass sie für etwas bestraft wurden, was sie gar nicht verbrochen hatten. Ihnen ging es also um mehr als um die Conditio Humana. Zur Conditio Humana mag es gehören, dass man Missetäter bestraft; aber es widerspricht der Menschenwürde, dass man Unschuldige bestraft. Das geht zu weit. Hier kommt ein Kriterium hinzu, das nunmehr die vielen Möglichkeiten der Conditio Humana noch einmal bewertet.

Level 4: Die Würde der Menschen
Zum menschlich angenehmen Leben kann viel gehören: Fitness, Fußball, Spiel, Essen, Trinken, Party, Arbeit, Pflege, ach, das ganze Wörterbuch des angenehmen Lebens. Die Menschen wussten immer schon, was ein schönes Leben wäre. Der Altgrieche Hesiod schilderte vor 2700 Jahren diesen Traum vom Schlaraffenland sehr anschaulich:

„Diese Menschen lebten wie Götter, das Gemüt von Sorgen befreit, fern von Mühen und fern von Trübsal; das Altern beeinträchtigte sie weder an Händen noch an Füßen, sie freuten sich bei Gelagen, stets jeglichem Übel entrückt. Wie vom Schlummer bezwungen verschieden sie; *keines der Güter vermissten sie*; Frucht gab ihnen das nahrungsspendende Saatland gern von selbst und in Hülle und Fülle; und *ganz nach Belieben* schafften sie ruhig das Werk im Besitze der reichlichsten Gaben, wohl mit Herden gesegnet, den seligen Göttern befreundet."

Die zwei für uns wichtigsten Passagen habe ich gekenn-
zeichnet: Die Menschen im goldenen Zeitalter hatten *alles*,
was gut war. Und daher konnten sie beliebig handeln.

Erinnerungen an die Wirklichkeit
Aber wir leben in der rauen Wirklichkeit. Wir haben
begrenzte Lebenszeit, und nicht überall ist alles möglich.
Wir können nicht alle Optionen wahrnehmen. Wir müssen auswählen. Da nun alle Handlungen nicht nur die
Lebensbedingungen, sondern auch die Würde unserer Person und anderer Personen betreffen, müssen wir unter den
vielen Möglichkeiten des guten Lebens jene Möglichkeit
auswählen, die die Würde des Menschen achtet. Wir dürfen von den möglichen Optionen für ein gutes Leben jene
nicht auswählen, die die Grundlage für dieses gute Leben
zerstört: Die Grundlage des guten Lebens ist die Wahl-
freiheit, d. h. die Freiheit. Oder die Würde des Menschen.

Würdevoll
Hier zeigt sich das Kriterium, dass das, was wir tun, der
Würde des Menschen entsprechen soll.

(32) Aus den vielen Möglichkeiten, eine angenehme Welt für
den Menschen zu schaffen, dürfen wir beim Handeln
nur jene Möglichkeiten auswählen, die die Würde des
Menschen sichern.

Die Würde des Menschen – das sind keine individuellen
Empfindungen oder kulturellen Besonderheiten. Die
Würde des Menschen ist keine Erfindung egomanischer
Europäer. Sie ist auch keine sehr neue Erfindung, keine
Erfindung der Neuzeit (siehe Spartacus). Würde ist nicht

relativ. Sondern die *Würde* des Menschen ist das, was den Menschen zum Menschen macht. Und das wussten die Menschen, seit sie wussten, dass sie Menschen waren. Würde ist die prinzipielle Freiheit des Menschen, sich denken und wählen zu können. Den linken oder rechten Weg. Den steilen oder geraden. Den durch die menschenleere Wüste oder den durch dicht besiedeltes Land. Die Gerechtigkeit oder die Ungerechtigkeit. Die gerechte oder die ungerechte Strafe. Du hast die Wahl! Würde ist die Freiheit, sich für das einzig Richtige entscheiden zu können: für die Freiheit, sich entscheiden zu können. All unser Wählen darf also die Würde des Menschen nicht antasten oder zerstören, unsere Freiheit. (Deswegen hatte Keith Richards sich den Drogen entzogen; er sah, dass mit jedem Schuss seine Freiheit vernichtet wurde, seine Würde.)

(33) Die Würde des Menschen ist seine Freiheit.

Nach traditionellem Sprachgebrauch nennt man nun jene Urteile, die die Würde des Menschen betreffen, *sittliche* Urteile. Es sind jene Urteile, die unsere Würde, also unsere Freiheit, sichern oder schaffen. Dabei geht es um die eigene Würde und um die Würde der anderen – denn alle Menschen sind gleich. Niemand hat mehr oder weniger Würde. Wir sind alle Würdenträger.

(34) Jeder Mensch hat immer schon Würde.

Diese Würde kommt dem Menschen vom ersten Augenblick seiner biologischen Existenz an zu. Man muss sie sich nicht verdienen. Man kann sie nicht verlieren. Man wird sie nicht wieder los. Man hat sie. (Von wem?) Es ist wie mit den Arbeitern im Weinberg eines mediterranen Gutsbesitzers. Eine schöne Geschichte. Ein sehr schöne, eine weise Geschichte. Hier noch mal in Kurzform:

Im Weinberg liegt Wahrheit
Ein Weingutsbesitzer hatte einmal Tagelöhner eingestellt, mehrfach am gleichen Tag zu verschiedenen Tageszeiten, so dass einige den lieben langen Tag geschuftet hatten, andere halbtags, manche schließlich nur ein Viertelstündchen. Aber sie bekamen am Abend alle den gleichen Lohn. Da maulten, zumindest nach Matthäus 20,1–16, einige der Arbeitskollegen und erklärten, dass sie länger im Weinberg des Herrn gearbeitet hätten als einige ihrer Kumpels und dass ihnen daher mehr Lohn, d. h. mehr Würde, zustehe als jenen, die frisch engagiert worden waren und erst auf den letzten Drücker das Arbeitsverhältnis begründet hätten. Hier sprach der (Arbeiter-)Adel, der seine Vergangenheit als *Grund* der Menschenwürde anführen wollte. Das geht aber nicht: Würde kann man weder quantifizieren noch kann man sie sich erarbeiten. Sie berechnet sich nicht nach der Dauer des irdischen Daseins (oder der Arbeit im Dienste des Herrn). Alteingesessene Familien haben nicht mehr Würde als junge frisch zugezogene. Kinder haben nicht weniger Würde als Greise, nur weil sie noch nicht so lange leben. Und so entschied auch der Weingutsbesitzer: Menschliche Würde kann man nicht quantifizieren.

Würdeträger
Diese Würde hat jeder Mensch. Sie ist dasjenige, was den Menschen vom Tier unterscheidet. (Überlegen Sie kurz, wem Sie im Zweifelsfall das Leben retten würden, wenn

Sie nur eine Option hätten: Ihrer Mutter oder Ihrem Hund?) Der Mensch *weiß*, dass er diese Würde hat. Er *weiß*, dass er frei ist, und es wäre selbstwidersprüchlich, wenn er etwas täte, was seiner Freiheit widerspräche. (Natürlich hat er die Möglichkeit zum Selbstwiderspruch – aber er zerstört durch den Selbstwiderspruch die Freiheit durch Beliebigkeit. Vgl. Prinzip 6.)

Das Sittengesetz ist also keine von außen gesetzte normative Forderung (womöglich von einer mächtigen Gruppe): Es ist unser eigenes Gesetz. *Wir schädigen uns als Menschen in eigener Person, wenn wir nicht sittlich handeln.*

Wir verstoßen nicht etwa gegen eine uns vorgesetzte Norm, wenn wir unsittlich handeln. Es ist keine uns von außen auferlegte Pflicht, sittlich zu handeln. Es ist unser eigenes, nicht mehr zu hintergehendes Interesse an uns selbst. Wir schädigen uns selbst, wenn wir unsittlich handeln. *Denn es ist unser eigener Wille, unseren Willen zu bekommen.* Wir wollen *unsere* Freiheit bewahren, weil sie es uns möglich macht, der zu werden, der wir sind. Also dürfen wir nichts tun, was dieser Freiheit widerspricht. (Das verbieten wir uns selbst, weil *wir* diese Freiheit sind. Wir sind erst wir selbst, wenn wir frei sind, uns etwas zu gebieten, was *wir* wollen.)

Das Handeln im Hinblick auf die Freiheit und damit auf die eigene Würde ist sittliches Handeln.

Die Bedingungen hierfür sind keinesfalls willkürlich, sondern methodisch zu erarbeiten. Ich fasse sie zusammen:

Erstens
Um die eigene Freiheit leben zu können, muss man wissen, was sachlich richtig und falsch ist. Man ist nicht frei, wenn man nicht weiß, ob das, was man tun will, einen

schädigt oder einem hilft. Man muss sich kundig machen. Um der eigenen Freiheit willen. Das Bemühen, sich kundig zu machen, ist notwendig und unhintergehbar an die Regeln gebunden, mit denen man sich kundig macht. Ohne sachbezogenes Denken können wir nicht wissen, ob das, was wir uns antun, uns auch guttut. Wenn wir nicht wissen, dass es Keime gibt, können wir nicht gezielt keimfreies Wasser trinken – das unsere Freiheit am Leben erhält. Wenn wir nichts über die Mechanismen der Welt wissen, können wir nicht wissen, was unsere Freiheit gewährleistet oder zerstört. Wir würden dem Zufall die Macht über unsere Freiheit geben. Sittlichkeit setzt also Wissen und Bildung voraus.

Die sachlichen Voraussetzungen von Sittlichkeit sind etwas, *was nicht verhandelt werden kann.* Oder was Ansichtssache wäre. Die Voraussetzung von Sittlichkeit ist nichts, was sich durch Kommunikation ergibt. Nichts, was ein soziales Konstrukt ist. Vielmehr ist die Voraussetzung der Sittlichkeit die bestmögliche Welterkenntnis, die an Wahrheit gebunden ist: Ohne Voraussetzung von Wahrheit ist keine Sittlichkeit möglich. Nicht wir entscheiden, was wahr ist, sondern wir prüfen unsere Vermutungen unter dem Anspruch der Geltung. Sittlichkeit ist daher an eine allgemeine, für jeden Menschen verbindliche sachliche Geltung gebunden. Zwar muss jeder selbst wissen, was er tut, aber er ist bei den Sachaussagen an eine sachbezogene Geltung gebunden. Es ist keine Beliebigkeit, wenn einer tut, was er *will.* Es ist ein Wille, der um seiner selbst willen an allgemeingültig-sachliche Aussagen gebunden ist.

Zweitens

Beim Handeln schreiben wir den erkannten Dingen und geplanten Tätigkeiten einen Zweck zu (oder benennen die Folgen). Wir wählen aus, was uns nutzt, und vermeiden, was uns schadet. Die Zwecke und Folgen kann man gut beobachten, beschreiben oder erforschen. Die Technik beschäftigt sich mit dieser Aufgabe: Sie verwandelt Wissen in zweckhafte Tätigkeiten.

Drittens

Dann wählen wir aus den möglichen Zwecken jene aus, die der Conditio Humana entsprechen. Aussagen über diese Conditio Humana stehen ebenfalls unter einem Geltungsanspruch. Man kann nicht einfach behaupten, dass Drogenkonsum das Bedürfnis nach Glück erfüllt. Man muss prüfen, ob das stimmt. Es ist keine Ansichtssache, sondern Ergebnis sachlicher Prüfung.

Auch die Bestimmung der Conditio Humana ist der sachlichen Argumentation verpflichtet. Die Argumente gelten nicht, weil jemand sie sagt, sondern sie gelten, wenn man sie vernünftig begründen kann. Dass wir Menschen keimarmes Wasser zum menschenwürdigen Überleben brauchen, ist keine Ansichtssache, sondern medizinisch nachzuweisen. Geltung lässt sich nicht aushandeln, sondern nur begründen. Begründen heißt: Methodisch etwas Schritt für Schritt nachzuweisen, um auf den rechten Weg zu kommen. Wer sagt, dass es zur Conditio Humana gehöre, dass niemand hungern müsse, kann zeigen, was Unterernährung bewirkt. Er kann das medizinisch nachweisen. Das Menschenrecht auf Essen und Trinken ist keine kulturell beliebige Vereinbarung: Wir können mit intersubjektiven Methoden zeigen, dass Mangel an Grundnahrungsmitteln Unfreiheit bedeutet – und damit nicht toleriert werden darf.

Viertens

Sittliches Handeln bedeutet, unter den für die Conditio Humana zweckvollen Tätigkeiten jene auszuwählen, die die Würde des Menschen achten. Die Würde des Menschen ist seine Freiheit – und auch hier gelten nicht Ansichten, sondern vernünftige Gründe.

Der eigene Wille ist also (bis fast zuletzt) an das gebunden, was intersubjektiver Prüfung zugänglich ist. Es entspricht der Würde des Menschen, dass man knappes Wasser an die Menschen gerecht verteilt und nicht einen Teil der Menschheit verdursten lässt, während der andere Teil seine Blumen begießt. Man kann hier gut argumentieren. Darauf zu achten, dass die Argumentation methodisch korrekt durchgeführt wird, ist eine der Aufgaben der Ethik.

Prüfungskommission

Wir haben am Anfang gesagt, dass sittliches Handeln nur der Freiheit dient. Die Aussage beinhaltet allerdings, *dass wir prüfen müssen, was der Freiheit dient.* (Wir müssen es vernünftig prüfen, weil wir uns sonst widersprechen … und nicht frei handeln, sondern fremdgesteuert. Wir dürfen z. B. unsere Freiheit nicht durch Triebhaftigkeit einschränken – wir würden uns zu Naturwesen herabwürdigen.) Vier Prüfungskriterien habe ich benannt:

(35)
1. Was wir tun, steht unter dem Anspruch, sachlich richtig zu sein.
2. Was wir tun, erfüllt einen Zweck und hat Folgen.
3. Was wir tun, muss dem guten menschlichen Leben dienen.
4. Was wir tun, muss die Würde des Menschen achten.

Da jeder Mensch auf diese Weise sein Handeln begründen muss (wenn er logisch denkt – dazu etwas im nächsten Kapitel), dürfte es so viele Konflikte eigentlich nicht geben. Denn auch für den anderen gelten die gleichen Methoden, mit denen man zum gleichen Ergebnis kommt:

Zu 1: Für alle Menschen kocht Wasser bei 100 °C und wird dann fast keimfrei.

Zu 2: Alle Menschen sterben, die mit Keimen stark verunreinigtes Wasser trinken.

Zu 3: Es gehört zu den Bedingungen menschlichen Lebens, dass man ein Interesse daran hat, keimarmes Wasser vorzufinden.

Zu 4: Alle Menschen werden, um ihrer Freiheit zum Leben willen, keimfreies Wasser dem verunreinigten Wasser vorziehen – es sei denn, es gäbe ein noch höheres Gut, das sie verteidigen wollen.

Haltung oder Konsequenz?
Wenn wir prüfen, ob eine Handlung sachlich richtig, zweckhaft, human und sittlich begründet ist, bieten sich mindestens zwei Verfahren an.

Wir fühlen uns an bestimmte Haltungen gebunden und versuchen sie im Handeln umzusetzen. Zum Beispiel denken wir, dass Ehrlichkeit eine gute Eigenschaft ist. Wir wollen immer ehrlich sein! Auch, wenn wir am Freitagnachmittag wegen 30 Cent zur Kassiererin gehen und die wartende Schlange noch länger warten lassen – und so den Unwillen der anderen Supermarktkunden auf uns ziehen und die Geduld unseres kleinen Begleiters Thomas strapazieren? Auch, wenn wir durch Ehrlichkeit jemanden verletzten oder schädigten?

Ein Biograph des Sokrates, ein Autor namens Xenophon (ca. 430–355), berichtet von einer interessanten Diskussion zu diesem Problem: Angenommen, Eltern wollten immer ehrlich zu ihren Kindern sein. Dann dürften sie ihnen nie eine bittere Medizin mit Honig mischen, damit sie die bittere Medizin schlucken. Denn nun, mit Honig vermischt, nehmen die Kinder etwas zu sich, was sie nicht zu sich nähmen, wenn sie so schmeckte, wie sie *eigentlich* schmeckte. In Wahrheit sei die Medizin bitter. Die Eltern täuschten ihre Kinder um ihrer Gesundheit willen – um eines Gutes willen. Sie gaukelten ihren Kindern vor, dass es eine Leckerei gäbe; in Wahrheit sei es bittere Medizin. Ist das unmoralisch? Wie viele Mütter und Väter haben schon die Möhren püriert und unter die Spaghettisoße gemischt, weil die Kinder partout keine Möhren essen wollten. Ist das Betrug? Ist das unsittlich?

Xenophon hat noch ein zweites Beispiel: Wenn ein Feldherr sich an die Wahrheit hielte, müsste er die Gegner vorab darüber informieren, wie er die Schlacht durchzuführen gedächte. Das wäre fair und ehrlich. Der Sinn einer Schlacht sei es jedoch zu gewinnen, und das könne man am besten, wenn man den Gegner überrasche oder sogar täusche. Wenn eine bisher unbesiegte Großmacht mit einem Riesenheer anrücke, das die eigene Kultur überrollen und auslöschen möchte (wie es in Athen mehrfach drohte), dann könne man sich nur durch eine List, also durch Täuschung, am Leben halten. Wäre eine solche Unehrlichkeit unsittlich?

Xenophons Sokrates hat damit zwei Formen der Ethik unterschieden, die bis heute diskutiert werden: Die Pflichtethik und die Folgenethik. Die Pflichtethik weiß vorher, was wir tun sollen („Sei immer ehrlich!"); die Folgenethik bemisst die Güte des Handelns am Ergebnis („Sei ehrlich, wenn es sinnvoll ist!").

Müssen wir immer ehrlich sein, weil ehrlich sein *an sich gut* ist, weil sie den anderen als jemanden ernst nimmt, der mir gleichwertig ist? Können wir die Freiheit, ehrlich sein zu können, dadurch retten, dass wir unehrlich sind?

Andererseits: Lassen wir ein Kind sterben, weil es die heilsame Medizin nicht ungesüßt nehmen will? Heiligt der Zweck alle Mittel, auch jene, die dem Zweck inhaltlich widersprechen? Darf man Leben vernichten, um Leben zu retten? Halten wir fest:

(36) Jedes Handeln besteht aus Motiv und Folge.

Die Lösung wird in dem liegen, was von den systematischen Denkern in den Bibliotheken verabscheut wird: in der *Mischung* beider Verfahren. Nicht *jedes* Mittel eignet sich, auch wenn es einem guten Zweck dient. Es ist fragwürdig, wenn Robin Hood Reiche ausplündert, um den Armen Geld zu geben. Das Ziel mag richtig sein, aber das Mittel geht vom Recht des Stärkeren aus, also gerade von dem, was die Armen arm gemacht hat. Die Welt bleibt, wie sie war.

(37) Der Zweck heiligt nicht jedes Mittel.

Aber wir können uns auch nicht einfach auf einen Wert berufen, uns an ihn halten, und gleichgültig den Folgen gegenüber sein. So geben wir dem Bettelnden am Bahnhof Geld … wohl wissend, dass er sich davon nur neuen Fusel kaufen wird. Wir fühlen uns ob unserer Großzügigkeit gut, aber unsere Tat war falsch.

> **(38)** Kein Handlungsmotiv darf die Folgen der Handlung außer Acht lassen.

Mittel und Zweck müssen also in einem Wechselverhältnis stehen, so dass man nur jene Mittel wählt, die dem Zweck entsprechen, ohne vorab bestimmten Mitteln oder Zwecken eine *absolute* Güte zuzusprechen. Allerdings schließen bestimmte Zwecke bestimmte Mittel aus.

Diese in diesem Kapitel beschriebenen Gedankenschritte gelten zuerst einmal für mich. Daraus entsteht eine Frage:

4. Gelten sittliche Prinzipien für alle Menschen?

Wir tun, was wir wollen; aber wir müssen das Richtige wollen. Die Frage ist nur: Was ist das Richtige? Wir haben eine Antwort in vier Stufen gefunden:
- Wir müssen das sachlich Richtige herausfinden.
- Wir müssen die Zwecke und Folgen bestimmen.
- Wir müssen bestimmen, was es Menschen ermöglicht, in menschenwürdiger Umwelt zu leben. Dabei helfen die kulturellen Diskurse in ihrer Gesamtheit.
- Wir müssen aus den humanen Handlungsmöglichkeiten jene auswählen, die die Würde des Menschen achten.

So weit die Regeln. Aber für wen gelten sie?

Sagen wir so: Wenn wir (nach den Überlegungen im vorhergehenden Kapitel) akzeptieren können, dass es das *für mich Gute* gibt, wäre das ja schon einmal ein erster Schritt in die gewünschte Richtung: Nicht alles, was ich mache, ist gut, nur weil ich es mache. Ich kann mich auf Fuerteventura lange in die Sonne legen – dann verbrennt meine Haut. *Will* ich das? Gut ist das nicht.

Erkenne dich selbst
In der Antike wurde die Suche nach der Weisheit als Aufforderung verstanden, sich selbst zu erkennen. Damit könnte das gemeint sein, was man als Christ *Gewissenserforschung* nennt oder aber als Literat die *Selbsterkundung*. Das Bekenntnis der schönen Seele: „Ich bin nicht Stiller", lässt Max Frisch (1911–1991) seinen Roman „Stiller" begin-

nen, der davon handelt, wie jemand herauszufinden sucht, wer er ist. Ein Mensch wird zum Romanheld, weil er auf dem Weg zu sich selbst zu wandern sucht. Ihm geht es um den Entwurf seiner Lebensgeschichte.

Denken heißt Reden mit sich selbst
Die Aufforderung, sich selbst zu erkennen, kann aber ebenso anregen, nicht nur dem verlorenen Ich auf die Spur zu kommen, sondern die *Gültigkeit* von Gedanken zu prüfen. Der *Streit* um das sittlich gute und richtige Handeln entsteht ja gar nicht erst mit anderen. Er entsteht doch zuerst in einem selbst: Was soll *ich* tun? Man steht im Zwiespalt. Man steht im Supermarkt, hat zu viel Geld ausgehändigt bekommen und fragt sich, was zu tun ist. Wenn wir immer wüssten, was wir tun sollten, müssten wir nicht nachdenken. Selbst im Alltag erfahren wir jedoch: Immerzu müssen wir denken, bevor wir handeln. Wir diskutieren beim Denken mit uns selbst. Wir wollen im Zwiegespräch mit uns selbst herausfinden, was wir tun sollen. Wir sind mit uns selbst nicht immer vorab einig. Wir wollen das Gute, aber wir müssen überlegen, auf welchem der möglichen Wege wir es erreichen. Dabei legen wir vor uns selbst Rechenschaft ab.

Schauen wir uns einmal an, wie sich das bei einem jungen Mädchen anhört, das ihrem Vater eine künftige Stiefmutter namens Anne ausreden will: „Diese wenigen Tage aber hatten mich so aufgewühlt, dass ich nachzudenken und mich selber zu beobachten begann. Ich durchlebte alle Schrecken der Selbstbetrachtung, ohne mich aber deshalb mit mir selber auszusöhnen. ‚Was ich da empfinde‘, dachte ich, ‚was ich Anne gegenüber empfinde, ist dumm und armselig, und der Wunsch, sie von meinem Vater zu trennen, ist grausam.' – Aber andererseits, warum mich anklagen? Da ich einfach nur ich selber war, hatte ich denn nicht die Freiheit, zu fühlen, was ich fühlte? Zum ersten Mal in meinem Leben schien dieses Ich sich zu spalten, und die Entdeckung meiner Zwiespältigkeit erstaunte mich grenzenlos. Ich fand ausgezeichnete Entschuldigungen für mich und sagte sie mir leise vor und hielt mich für völlig aufrichtig, und dann tauchte plötzlich ein anderes Ich auf, das meine eigenen Argumente für falsch erklärte und mir zurief, dass, wenn sie auch nur den Anschein erweckten, wahr zu sein, ich mich täuschte und mir selber etwas vormachte. Aber war es in Wirklichkeit nicht dieses andere Ich, das mich täuschte? Und war diese Hellsichtigkeit nicht der schlimmste aller Irrtümer? Stundenlang debattierte ich mit mir in meinem Zimmer, um mir darüber klar zu werden, ob die Angst und die Feindseligkeit, die Anne mir gegenwärtig einflößte, berechtigt waren oder ob ich nichts anderes sei als ein verwöhntes, egoistisches kleines Mädchen mit einer falschen Vorstellung von Unabhängigkeit." So weit die 18-jährige Françoise Sagan (1935–2004) in ihrem Debütroman „Bonjour Tristesse" (1954). Das Urteilen wird als Dialog ums Richtige verstanden. Der eigene Wille arbeitet sich an Argumenten ab. (Woher kommen sie bloß?)

Reden heißt Denken mit anderen
Diese Diskussion um Handlungsalternativen kann man nun auch mit anderen führen. Zum Beispiel mit Kindern, die schon wieder um ein Stück Kinderschokolade betteln, wenn man mit ihnen im Supermarkt in der Warteschlange vor einer nervösen Kassiererin steht. Kinder müssen lernen, richtig und gut mit Schokolade umzugehen, und

daher erklärt man – geduldig und immer wieder –, warum man sich das süße Vergnügen jetzt nicht leisten will. Man trägt Gründe vor, die der kleine Bettler dann prüft. So, wie man es mit sich selbst kurz zuvor gemacht hatte. Man hatte sich selbst mit Argumenten überzeugt.

Aber wenn das, was man sich selbst sagt, auch gültig für den anderen sein soll, dann muss es etwas Gemeinsames geben zwischen mir und dem anderen. Und das gibt es auch: Es ist die Freiheit. Sie realisiert sich in der Sprache.

Wenn man nun herausfindet, wie man mit sich selbst spricht, könnte man vielleicht erkennen, wie alle anderen auch mit sich selbst sprechen. Beginnen wir ganz schlicht: (Level 1) Wenn man selbst drei Steinchen zu drei Steinchen legt, zählt man sechs Steinchen. Machen das nicht alle so – und müsste man nicht dann bei allen etwas voraussetzen, was alle befähigt, mathematisch zu denken? Wir sagen „ich, du, er/sie" – und stellen Beziehungen her: zu sich selbst, zu seinem Gegenüber und zu nicht Anwesenden. Machen es nicht alle so? Und verstehen sich nicht alle so? Steigern wir uns (Level 2): Wenn der Schweizer Tages-Anzeiger (vom 30. 7. 2007) meldet, dass „trotz Fortschritten in der Lufthygiene die Schweizer Bevölkerung teilweise mehr Dioxine aufnimmt als empfohlen", dann trifft das nicht nur auf den Autor dieser Meldung zu, sondern auf alle, die die Luft einatmen. Und weiter (Level 3): Wie das Giftgas-Unglück in Seveso zeigte, wollen die Menschen nicht unter gesundheitsschädigenden Lebensbedingungen leben, die u. a. durch Giftstoffe verursacht werden. Und schließlich (Level 4): Wer hätte das Recht, um des eigenen Vorteils willen (Gewinn), andere Menschen an der Gesundheit (und damit am würdigen Leben) zu schädigen?

Was müssen wir voraussetzen, um zu erklären, wie wir auf diese Fähigkeiten des Erkennens, des Unterscheidens und des Entscheidens kommen? Und müssten nicht alle Menschen die gleichen Voraussetzungen haben, wenn alle diese Erkenntnisse, Unterscheidungen und Entscheidungen fällen?

„Erkenne dich selbst!" hieße dann, herauszufinden, *wie* man denkt und zu Urteilen gelangt. Und dann könnte man überprüfen, ob nicht das „Du" auch so vorgeht. Und das „Er" oder das „Sie". Und dann könnte man die Arbeitshypothese aufstellen, dass „wir" alle so verfahren, um zu Urteilen zu gelangen. Und „ihr" ebenso – und vielleicht auch „sie" – die Menschheit.

Eine haben same Sprache Menschen gemein
Insofern Gedankengänge für uns folgerichtig wären, könnten wir diese Abfolge auf ihre Richtigkeit hin mit anderen prüfen. Wir benötigen dazu allerdings als Voraussetzung die Sprache. Sie muss allen Menschen gemein sein. Und das ist sie. Hätte nämlich jeder seine Privatsprache, dann könnten wir niemanden verstehen. Da der andere aber zurückmeldet, wenn wir ihn *nicht* verstehen, ist vorauszusetzen, dass er Verstehen erwartet und es also etwas zu verstehen geben könnte. Das Missverständnis setzt die Möglichkeit des Verständnisses voraus. Niemand, aber auch wirklich niemand, hat das richtige Verständnis des anderen je ausgesprochen. Es gibt keine absolute Sprache. Aber wir müssen sowohl das Verständnis als auch die absolute Sprache voraussetzen. (Ohne diese Voraussetzung könnten Sie mich jetzt nicht verstehen.)

Das „Sich-verständlich-Machen", setzt Gemeinsamkeiten voraus. Man braucht Worte, die Sprecher und Hörer gemeinsam haben. *Eine hat Syntax man gemeinsame …* Verzeihung, ein dummer Witz. Aber er zeigt: *Man hat eine gemeinsame Syntax.* Die Worte müssen in einer als vernünftig angesehenen Abfolge stehen, die der andere auch erkennt. Aus dem Scheitern von Sätzen (wie denen der Überschrift und im Abschnitt) können wir folgern, dass Sätze misslingen und gelingen können. Wenn wir uns über das Scheitern von Sätzen verständigen können, setzt das voraus, dass sie gelingen könnten. Dass also *etwas* bei allen Menschen gleich sein muss. Es ist die Teilhabe an der einen Sprache. Am Gelingen.

(39) All unser Sprechen setzt *die eine Sprache* voraus. Obwohl sie keiner sprechen kann, ist sie allen Menschen gemein.

Sich selbst zu erkennen kann also heißen, das an sich zu suchen, was man mit dem anderen Menschen gemein haben könnte. Und wer mitteilt: „Ich habe nichts mit dir gemein!", den versteht man ganz gut. Man hat also schon mal eine Gemeinsamkeit. Der andere teilt uns seine Andersartigkeit auf Grund einer Gemeinsamkeit mit. Seit 1770 sagt man sinngemäß gerne nach John Wesley: „We agree, that we disagree." Wir stimmen darin überein, dass wir unterschiedlicher Auffassung sind. Aber wir stimmen eben in etwas überein. Diesen Satz galt es zu belegen.

Das Verstehenkönnen funktioniert wechselseitig: Wenn Ihr von mir nun schon mehrfach angesprochener Wandergesell nach einem rustikalen Mahl am Abend über unerträgliche Leibschmerzen klagen würde, würden Sie fragen, was er denn Besonderes gegessen habe. „Erkenne Dich selbst!", rufen Sie ihm zu … und wenn er röchelnd antwortet: „Ich habe die von uns gesammelten Waldpilze gegessen!", dann haben Sie an dieser Erkenntnis des anderen vermutlich eine Erkenntnis für sich gewonnen: „Vorsicht beim Verspeisen der selbst gesammelten Pilze!" Sie werden Ihren Teller voller selbst gesammelter Pilze mit an Sicherheit grenzender Wahrscheinlichkeit nicht mehr ganz leeren. Und nun frage ich: Man kann sich nicht verstehen? Es gibt keine Gemeinsamkeiten zwischen den Menschen?

Diese verständnisvolle Wechselseitigkeit gilt auch für sittliche Entscheidungen, sofern sie vernünftig sind ... weil sie für all unser Denken gilt. Denn Sittlichkeit fußt auf Argumenten. Auf Sätzen, die der andere versteht. Die regulativen Ideen 1–4 habe ich benannt. (Vgl. Prinzip 35.)

Bei den Gründen kommt es nun nicht darauf an, ob der andere ihnen *faktisch* zustimmt. Faktische Akzeptanz kann nämlich durchaus auf Missverständnissen beruhen. Das kann man gut an der Werbung illustrieren: Wir akzeptieren die Werbung und kaufen das Produkt, obwohl wir nachweisen können, dass diese Werbeaussagen nicht stimmen *können*. Natürlich wissen wir, dass eine schokohaltige Fett- und Zuckercreme nicht das tägliche Glas Milch ersetzt. Trotzdem bestreichen wir unser Frühstücksbrötchen mit der zarten Creme. Unsere faktische Zustimmung bestätigt allerdings nicht die Geltung des Arguments „Wer diese Creme isst, spart ein Glas Milch!".

Im Dialog um das, was sittlich ist, müssen die vorgetragenen Gründe so aufgebaut sein, dass jeder sie akzeptieren *kann*. Sie müssen so formuliert sein, dass sie *gedanklich zwingend* sind, so dass jeder sie akzeptieren *müsste*: Wenn 2 + 1 = 3, dann ist 3 − 2 = 1. Das ist zwingend. Wäre die Rechnung nicht gedanklich zwingend, hätte man sie selbst auch nicht verstanden. Wenn man nichts versteht, kann man nicht sittlich handeln. („Unerbittliches Denkgesetz zwingt zur Erfüllung" – so sagt es Moses in Arnold Schönbergs [1874–1951] Oper „Moses und Aron".)

„Na gut", wird man sagen, „das gilt in der Mathematik! Gefragt war aber nach der Ethik!" O. k., versuchen wir es: Wenn Folter die Menschenwürde eines Menschen verletzt, kann Folter dann das geeignete Mittel sein, die Beachtung der Würde des Menschen politisch durchzusetzen? Ist der Gedankengang zwingend? Und der folgende: Wenn Vergewaltigung die Menschenwürde verletzt, kann dann Vergewaltigung ein legitimes Mittel im Krieg zur Rettung der Menschenwürde sein?

Mit solchen Fragen können wir uns nun durch die Weltgeschichte und die Tageszeitungen blättern, um jeden Fall einzeln zu klären. Das dauert etwas. Lassen Sie es mich deshalb abgekürzt und allgemein sagen: In der gesellschaftlichen Diskussion werden Argumente vorgetragen, die den Anspruch haben, gedanklich zwingend zu sein. Wann ein Gedankengang gedanklich zwingend ist, hängt ab von der jeweils zu nutzenden Methode. Gäbe es aber solche Gedankengänge oder Argumente nicht, dann gäbe es auch keine Sittlichkeit und keine Verbrechen. Dann wären Folter und Vergewaltigung ab sofort gerechtfertigt. (Wer teilt es den Folter- und Vergewaltigungsopfern mit, dass ihnen gemäß dieser Einsicht im Folterkeller soeben *Gutes* angetan wurde?)

Ohne die Voraussetzung, dass es sachlich gültige Argumente gibt, gäbe es keine Sittlichkeit. Dann wäre der Mensch der Wolf des Menschen. Das ist sicher auch ein Gesellschaftsmodell, meines Erachtens aber eher eines für die Tierwelt. Menschen könnten da etwas klüger sein als

Wölfe. Sie sind es, wenn sie voraussetzen, was Wölfe nicht voraussetzen können: dass es Klugheit gibt, auch dann, wenn bisher noch niemand klug gehandelt hätte.

(40) Sittliches Handeln in der Gesellschaft muss durch den Austausch von vernünftigen Argumenten geregelt werden. Vernünftig sind Argumente, wenn die Gründe methodisch gewonnen sind.

Sittlichkeit gibt es nur, wenn man Argumente austauscht. Mit sich oder mit anderen. Man muss also Argumente so lange in Einzelschritte zerlegen, bis der andere jedem einzelnen Gedankenschritt folgen kann. Theoretisch geht das, denn man selbst ist *auf genau diese Art* zu seiner Entscheidung gelangt. Man hat es sich genau überlegt. Sittliche Argumente entstehen nicht durch den Prozess des Aushandelns, sondern durch eine Prüfung von Geltung – in den bereits geschilderten vier Stufen:

– Was jemand sagt, muss sachlich richtig sein. Sachlich richtig ist etwas, wenn es methodisch gedacht wurde.

– Was jemand plant, muss auf Zwecke und Folgen bedacht sein.

– Was jemand will, muss der Conditio Humana entsprechen. Auch hier gelten ausschließlich Sachgründe.

– Was jemand tut, darf der Würde des Menschen nicht widersprechen, also seiner situativ auszulegenden prinzipiellen Freiheit.

Zwischen den einen Menschen und den anderen Menschen schiebt sich also der Gedanke der Geltung, auf den sich beide beziehen müssen. Zwei plus zwei ist nicht vier, weil ich es sage, sondern weil ich zeigen kann, dass auch der andere es sagen *muss*, wenn er bestimmte methodische Schritte nachvollzieht. Warum man diese Methode wählen *muss*, kann ich vernünftig erklären. Um zu erklären, warum es vernünftig ist, vernünftig zu sein, verweise ich auf das Kapitel 8. Reden ist also Denken mit anderen. Man redet, um zu prüfen, was zu tun ist. Denn das ist nicht schon vor der Prüfung klar.

Du bist nicht allein
Weil das so ist, ist es klug, sich anzuhören, welche Argumente der andere vorträgt. Da wir nicht immer alles wissen (können), ist es notwendig, dem anderen zuzuhören. Ohren auf, sagen wir uns: Wie beschreibt er das Problem? Wie argumentiert sie? Was berücksichtigen die anderen?

Der Gesprächspartner hat also eine anthropologisch notwendige Funktion. Sie begründet sich aus unserer biologischen Endlichkeit. Der Gesprächspartner ist nicht einfach Adressat. Sondern er hilft, die eigene Begrenztheit ein wenig zu überschreiten. Er fügt einer Sicht der Dinge eine weitere Sicht der Dinge hinzu. Und schon sehen beide im Idealfall ein wenig mehr. Der andere fordert durch Skepsis und Zweifel heraus, so dass Argumente noch einmal geprüft werden müssen. Am Ende gelten nicht Mittelweg oder Kompromiss, auch nicht die faktische Einigung – sondern es gilt allein das bessere Argument.

Obwohl man das heute *Kommunikationsgemeinschaft* nennt, ist der Gedanke so ganz neu nicht: In der Tragödie *Medea* aus den Jahren um 40 n. Chr. lesen wir: „Wer etwas beschließt, ohne die andere Seite gehört zu haben, handelt nicht gerecht, selbst wenn er Gerechtes beschlossen hat." Auf Latein hatte Seneca (ca. 1–65) das so formuliert: „Qui statuit aliquid parte inaudita altera, aequum licet statuerit, haud aequus fuit." Wem das noch nicht alt genug ist, den verweise ich auf den griechischen Dichter Euripides (ca. 480–406), aus dessen Theaterstück *Die Herakliden* (ca. 430 v. Chr.) Verse stammen, die wie folgt zu übersetzen sind: „Wer spräche Recht, bevor er beide Streitende sorgsam gehört?" (197 f.).

Wir Einzelgänger brauchen also die anderen Menschen, um selbst als Einzelgänger sittlich leben zu können – nicht, weil die anderen Menschen es besser wüssten; nicht, weil wir für den anderen lebten. Sondern weil unser eigenes Wissen begrenzt ist. Wir können uns selbst nicht helfen. Robinson braucht Freitag. Don Quichotte braucht Sancho Panza. Adam braucht Eva: „Es ist nicht gut, dass der Mensch allein sei!" (Gen 2,18).

> (41) Wir schädigen uns selbst, wenn wir nicht prüfen, was andere zu sagen haben.

Wir müssen nicht in jedem Fall auf andere hören, aber wir müssen sie *auf jeden Fall* anhören. Sie könnten Recht haben. Sie könnten es besser wissen.

Diese Form der Prüfung von Argumenten mit dem Ziel, das richtige Argument zu finden, nennt man in der Bibliothek des Philosophischen Instituts *Dialog*. Der Dialog ist kein Small Talk, in dem jeder mal sagt, was er sich so denkt. Der Dialog findet zudem nicht im Basar statt, wo etwas ausgehandelt wird. Vielmehr ist der Dialog das Bemühen um das bessere Argument unter dem Anspruch von Geltung: „Hör mal, an das hast du grad nicht gedacht. Und was würdest du zu dem Einwand sagen …?"

Die Wandelhalle

Diesen Dialog kann man nicht nur mit *einem* Gesprächspartner führen, sondern man kann ihn mit allen Menschen
anstoßen. Das nennt man dann *Öffentlichkeit*. Man stellt
seine Argumentation öffentlich zur Diskussion und ist
gespannt, was an Ergänzungen und Einwänden vorgebracht wird. Dann muss man sich vielleicht revidieren.
Man kann es dann besser machen. Jeder Einzelne braucht
also die Öffentlichkeit, damit er möglichst viele Argumente kennenlernt. Die Öffentlichkeit ist kein Geltungs*grund*,
wohl aber eine Geltungs*prüfung* für unsere Argumente.

Deswegen muss eine Gesellschaft diese Öffentlichkeit
schaffen und schützen. In dieser Öffentlichkeit muss es
gerecht zugehen; jeder muss zu Wort kommen können; es
darf keine Zensur geben. Auch keine Zensur dadurch, dass
Masse die Qualität verdrängt. Die Öffentlichkeit darf auch
nicht so geregelt sein, dass nur zur Sprache kommt, was
Geld bringt. Die Öffentlichkeit darf nicht auf Gewinn ausgerichtet sein, sondern sie *muss* so eingerichtet werden, dass
sie bestmöglichen Austausch ermöglicht. *Die Öffentlichkeit
ist allein auf Öffentlichkeit ausgerichtet.* Nicht aufs Publikum.
Wie viele Menschen etwas lesen oder sehen, hat diejenigen, die die Öffentlichkeit technisch schaffen, nur aus
didaktisch-methodischen Gründen zu interessieren. (Bei
mangelnder Resonanz kann man nach den Gründen fragen, die vielleicht darin liegen, dass man sich schlecht ausgedrückt hat.) Erfolg ist kein Kriterium für Öffentlichkeit.
Die Quote zeigt keine Qualität an (so Charlotte Echter-
hoff in einem erhellenden Buch über den öffentlich-recht-
lichen Rundfunk). Es gilt:

(42) Das einzige Kriterium für Öffentlichkeit ist die Öffentlichkeit.

Jeder muss sich informieren können. Ob er es tut, ist eine
sittliche Entscheidung.

Öffentlichkeit ist kein Markt, an dem sich Reklame und
Machtansprüche tummeln sollten. Werbung und Manipulation gehören da nicht hin. Sie sind Privatsache oder
Politik. Der öffentlich-rechtliche Rundfunk in Deutschland war einmal der Versuch, solch eine Öffentlichkeit tatsächlich herzustellen, und für das Internet wäre es eine
Chance. Ob wir sie weiterhin vernünftig und sittlich nutzen, wird sich herausstellen.

Warum ist der Mensch böse?
Das Kapitel wäre nicht sinnvoll beendet, wenn wir nicht
noch eine letzte Frage angehen würden: Wenn Menschen
immer das für sich Gute wollen, warum tun sie dann das
objektiv Böse? Oft sagt man: Weil die Menschen böse sind.
Aber es ist eine grausame Tautologie, das böse Handeln
damit zu erklären, dass es böse Menschen gibt.

Die kleine Unterscheidung im zweiten Satz dieses Absat-
zes gibt Indizien für einen zwar schlichten, aber weitrei-
chenden Lösungsansatz. Menschen verwechseln das *für sie*
Gute mit dem *an sich* Guten.

Hier einige mögliche Antworten, warum es zu dieser
Verwechslung kommen kann: Menschen handeln unsittlich, weil sie
— die Handlungsalternativen nicht *kennen*;
— schlecht *informiert* sind;
— nicht darüber *nachdenken*, was in einer Situation die bessere Handlung wäre;

- sich nicht *entscheiden* können;
- eine *in sich widersprüchliche* Ethik befolgen;
- die Wertentscheidung nicht auf *Verallgemeinerbarkeit* hin geprüft haben;
- die *Folgen* ihres Tuns nicht (richtig) bedacht haben;
- nicht richtig zwischen kurzzeitigem *Erfolg* und langzeitigen *Folgen* abgewogen haben;
- das anstrengend Richtige nicht dem bequemen Falschen *vorziehen.*

Allein die Auflistung legt es nahe, bereits die eingangs gestellte Frage als unglücklich formuliert zu entlarven: Warum ist *der* Mensch böse? Ihn gibt es ja gar nicht. Er ist nur ein Konstrukt. Es gibt nur einzelne Menschen, die böse sein können. Daher muss es nicht eine einzige Erklärung geben, sondern es können Abermilliarden von Erklärungen gefunden werden. Mit dem Guten ist es genauso. Warum isst der Mensch Schokolade? Wenn es nur einen Grund gäbe, wäre die Schokoladenindustrie fein raus.

Wenn wir die Frage so stellen, wie die Überschrift zu diesem Abschnitt sie stellt, dann verstellen wir die Antwort. Warum ist Caligula böse? Warum Pizarro? Warum Eichmann? Man muss das in jedem Einzelfall klären.

Damit ist etwas über einen einzigen Menschen gesagt, nicht aber über *den* Menschen. Wir können seinen Argumenten folgen, müssen sie aber nicht akzeptieren.

Wir bekommen mit jedem Namen, mit jedem Fall, mit jedem Beispiel eine andere Antwort. So, wie es nicht „die Schokolade" gibt (sondern unzählbar viele Sorten), so wie es nicht einen Grund gibt, Schokolade zu essen (sondern zahllose Gründe), so gibt es nicht nur einen Grund, unsittliches Handeln zu verfehlen.

Verzichten wir künftig lieber auf diese so schön melancholische Frage: „Warum ist der Mensch zu allem fähig?" Denn die Antwort bedeutet nichts. Wenn Caligula zu dumm war, die Folgen seines Handelns zu erkennen, dann muss das ja nicht auch auf Eichmann zutreffen. Sehen wir uns lieber die Einzelfälle an. Und lesen wir die Geständnisse von Unholden! Sie erläutern, wie *bei ihnen* das Böse in die Welt kam.

Das sogenannte Böse ist zuallererst ein kognitives Problem: Man hat etwas nicht bedacht. Man hat nicht alles bedacht. Man hat etwas nicht richtig bedacht. Man fühlt sich nicht an das gebunden, was man bedacht hat. Sie fragen: Das, was man „das Böse" nennt, wäre letztlich die Unfähigkeit, konsequent zu denken? Bis zum Beweis des Gegenteils würde ich diese Erklärung bevorzugen: Wer Steuern hinterzieht, schädigt letztendlich sich selbst …, wenn er es nur *richtig* bedenkt. Er betrügt den Staat um eines kurzfristigen finanziellen Vorteils willen, schwächt dadurch die Gemeinschaft, deren Gesamtleistung ihm ein Leben ermöglicht, in dem er seinen Lebensunterhalt so gut sichern kann, dass er sogar noch Geld in Form von Steuern abgeben kann. Das angeblich Böse ist in diesem Fall eine kognitive Fehlleistung. Weniger korrekt ausgedrückt: Dummheit. Mangelndes Urteilsvermögen. Kant hatte einmal geschrieben, dass Unmündigkeit aus Dummheit, Faulheit und Mangel an Zivilcourage entsteht. Obwohl er Königsberg nie verlassen hat, scheint er die Welt gekannt zu haben. Das Böse ist kein Rätsel. Es gibt nämlich eine Lösung: Bildung.

Aber wenn das so ist, dann haben wir ein Problem. Was machen wir so lange, bis alle gebildet sind? Davon im nächsten Kapitel.

5. Wozu brauchen wir Gesetze?

Die vorstehende Frage besteht, genau genommen, aus zwei Fragen. Nach all dem, was wir bisher gemeinsam bedacht haben, müsste man nämlich erstens fragen, wozu man denn *überhaupt* Gesetze braucht – wenn doch alle Menschen moralisch sein und den anderen nicht in seiner Würde verletzen wollen!

Umgekehrt und zweitens könnten Sie mich aber auch fragen, warum denn alles so umständlich sei: Da es doch Gesetze gebe, bräuchten wir nicht noch *zusätzlich* eine Ethik. Alles und noch viel mehr sei doch durch Gesetze geregelt. Alles, was Gesetze verbieten, sei nicht erlaubt. Und alles, was Gesetze nicht regeln, sei gleichgültig und dem Belieben des Einzelnen überlassen. Wozu dann noch Sittlichkeit?

Auf den Spuren des Gesetzes
Um mit der letzten Frage zu beginnen: Zum Beispiel braucht man Sittlichkeit, um Gesetze zu formulieren. Woher soll man denn wissen, was Gesetz werden soll, wenn man es sich nicht *vorher* gut überlegt hat? Dieses *gute Überlegen* nennt man Ethik. Die Ethik legt dar, was sittlich ist. In Gesetzen steht demnach, was der Gesetzgeber zuvor als sittlich angesehen hat.

Der Gesetzgeber muss also zuerst sittlich *sein*, um dann Gesetze erlassen zu können. Mord ist strafbar – tja, warum denn? ..., und was immer Sie jetzt auch antworten: Es ist eine sittliche Reflexion, die *nicht* im Gesetz steht, sondern der Gesetzgebung *vorausgeht*. Die Sittlichkeit geht dem

Recht logisch voraus. Das Recht begründet keine Sittlichkeit, sondern setzt sie voraus.

(43) Etwas ist nicht sittlich, weil es im Gesetz steht, sondern es steht im Gesetz, weil es sittlich ist.

Die Kunst der Auslegung

Da Gesetze allgemein sind, ist ihre Anwendung nicht ganz so einfach. Man muss den Gesetzestext *auslegen*. Man muss ihn verstehen, deuten, interpretieren. Aber kann man nicht Gesetze gegen ihren Sinn auslegen, indem man sich an ihren Wortlaut hält? Wäre das unsittlich?

So lesen wir im Bürgerlichen Gesetzbuch vom 18. August 1896, im Buch 4, „Familienrecht, Abschnitt 1, Bürgerliche Ehe" unter der Überschrift „Wirkungen der Ehe im Allgemeinen" in § 1,1: „Dem Manne steht die Entscheidung in allen das gemeinschaftliche eheliche Leben betreffenden Angelegenheiten zu; er bestimmt insbesondere Wohnort und Wohnung. (2) Die Frau ist nicht verpflichtet, der Entscheidung des Mannes Folge zu leisten, wenn sich die Entscheidung als Mißbrauch seines Rechtes darstellt."

Ist das sittlich? Darf ein Ehemann bestimmen, was seine Frau zu tun hat? Das Gesetz *müsste* zumindest sittlich sein, wenn Gesetze und Sittlichkeit identisch wären. Wie auch immer: Interessant ist Absatz 2, der der Frau die Autorität zuschreibt zu entscheiden, ob der Umgang des Mannes mit dem Gesetz den Missbrauch eines Rechts darstellt – d. h. das Gesetz *verlangt* sittliche Urteilskraft. Man kann das Gesetz gar nicht in *seinem* Sinne anwenden, ohne das zu besitzen, was das Gesetz gar nicht regelt: Sittlichkeit.

Das ließe sich verallgemeinern: Wir können Gesetze nicht einfach anwenden wie Rezepte eines Kochbuches:

„Man nehme …!" Wir müssen prüfen, ob das, was wir tun wollen, dem *Geist* des Gesetzes entspricht. Dieser *Geist* ist die Sittlichkeit.

(44) Gesetze müssen sittlich ausgelegt werden.

Urteilskraft

Juristen weisen zudem darauf hin, dass man vorher prüfen muss, welches Gesetz denn überhaupt in diesem besonderen Fall zur Anwendung kommen soll. Sie kennen es aus dem Sonntagskrimi: Ob die Tat *Mord* (geplant) oder *Totschlag* (ungeplant) war, ist manchmal gar nicht so leicht zu entscheiden: Warum hatte der Täter eine Pistole dabei, wenn er angeblich im Affekt gehandelt hat? Oje! Das spricht für Mord. Aber die Pistole war ohne Patronen. Und nun? Man braucht, um solche Fragen nach Mord (Absicht) oder Totschlag (Affekt) beantworten zu können, das, was Immanuel Kant *Urteilskraft* nannte. Urteilskraft ist die Fähigkeit herauszufinden, nach welchem Paragraphen ein Fall beurteilt werden soll. Für diesen Akt der Beurteilung *kann* es keine Regel geben, denn das Anwendenkönnen von Regeln wird ja gerade verlangt. Man muss also Urteilskraft gebildet haben, um Gesetze auszulegen. Sittliche Urteilskraft ist die Voraussetzung dafür, Gesetze sinngemäß auslegen zu können. Die Sittlichkeit hierzu kann also nicht aus den Gesetzen kommen.

(45) Die Anwendung von Gesetzen verlangt nach sittlicher Urteilskraft.

Wer schreibt Gesetzesnovellen?

Da Gesetze von Menschen geschrieben werden, Menschen sich aber irren können, muss es eine Korrektur der bestehenden Gesetze geben können. Diese Neuformulierung *kann* nicht gesetzlich geregelt sein, weil ja auch diese „gesetzliche Regelung" veränderungsbedürftig sein könnte. Wiederum wird deutlich, dass Gesetze Sittlichkeit voraussetzen. Man muss Gesetze ändern, wenn sie sittlich nicht (mehr) zu begründen sind.

> (46) Die Formulierung von Gesetzen setzt Sittlichkeit voraus.

Bei Rot über die Ampel?

Es gibt sogar Situationen, in denen es sittlich geboten ist, sich *nicht* an die Gesetze zu halten. So schreiben uns etwa Verkehrsregeln vor, bei „Rot" an der Fußgängerampel zu warten. Wer das nicht tut und erwischt wird, kann mit einer Geldstrafe rechnen. Nun stehen Sie an der Ampel und vorbei radelt ein Radler, der sich umdreht, den Lenker verreißt und stürzt. Der Mann hat sich im Rad verheddert und kann sich nicht allein aufhelfen. Nicht weit entfernt donnert ein vollbesetzter Stadtbus heran. Was machen Sie nun? Bleiben Sie stehen und sagen: „Ist ja Rot. Bei roter Ampel darf ich nicht auf die Straße gehen!" – und dann sehen Sie zu, wie der Mann vom Bus überrollt wird?

> (47) Es kann Situationen geben, in denen es sittlich geboten ist, sich nicht an die Gesetze zu halten.

Es wird deutlich, dass wir in Lebenslagen geraten können, in denen es unsittlich wäre, sich an bestehende Gesetze zu halten. Der Widerstand gegen grausliche Diktatoren, der Tyrannenmord – Beispiele sind schnell bei der Hand, wann Gesetzesbruch sittlich geboten ist.

Aber es müssen schwerwiegende Gründe sein, wenn man vom Gesetz abweicht. Einfach bei Rot über die Ampel zu gehen, weil man keine Lust hat zu warten und man kein Auto sieht – das ist kein sittlicher Grund, sondern Egoismus. Eine solche Entscheidung beachtet nicht die Folgen, die dadurch entstehen, dass wir uns nicht an Gesetze halten.

Wir müssen uns an die Gesetze halten, solange es nur irgend geht. Und das aus gutem Grund. Damit kommen wir zum anderen Teil der Kapitelfrage, zum ersten. Wir hatten diesen ersten Teil aufgeschoben: Wozu braucht man überhaupt Gesetze – wenn doch alle Menschen moralisch sein und den anderen nicht in seiner Würde verletzen *wollen!*

Planungssicherheit

Gesetze schaffen Sicherheit: Wir wissen, was uns erwartet, wenn wir den Busschaffner fies beleidigen, weil der Bus 20 Minuten zu spät kommt. Der Vorgang ist geregelt – und wir können es uns vorher überlegen, ob es uns das wert ist. Erst Gesetze machen das Leben langfristig planbar. Wir können über den Tag hinaus denken. So ein Wochen- oder Fünfjahresplan jedoch ist die Bedingung von Kultur und Zivilisation, die Bedingung dafür, unsere Freiheit auch zu leben. Wenn wir erst alles jeden Morgen neu regeln müssten (wer wie viel Geld bei der Arbeit bekommt; wer was arbeiten darf; wer heute wie lange arbeiten muss; was man lernen muss, um was arbeiten zu können ...), dann kämen wir zu fast nichts. Wir würden den ganzen Tag verhandeln, statt zu handeln. Deswegen gibt es keine Gesellschaft ohne Gesetze. Gesetze sind Bedingungen kulturellen Fortschritts.

Entscheidungszwangsentlastung

Gesetze entlasten uns. Wir bekommen durch sie Zeit für wichtige Dinge. Wenn es Ampeln und Verkehrsregeln gibt, dann müssen wir uns nicht im Schritttempo an jede Kreuzung herantasten. Wir kommen zügig durch die Stadt und haben dann eine halbe Stunde Zeit gewonnen, in der man Gutes tun kann. Gesetze entlasten uns durch Routinen. Sie geben uns *freie* Zeit. Freiheit.

Komplexitätsreduktion

Verkehrsregeln versuchen (wie alle Gesetze), komplexe Situationen durch elementare und einfache Regeln beherrschbar werden zu lassen, so dass es zu weniger menschlichen Fehlern kommt. Wenn wir immer davon ausgehen können, dass bei *Rot* alle halten und erst bei *Grün* gehen oder fahren, dann müssen wir nicht ganz so höllisch aufpassen. Dann müssen wir an einer Kreuzung nicht alle vier Straßen und alle vier Fußgängerüberwege und alle vier Radwege, also insgesamt zwölf Verkehrswege, im Blick haben. Wir schauen auf ein kleines Lämpchen. Das reduziert die Komplexität. Gesetze ersetzen Aufmerksamkeit durch Routinen.

(48) Gesetze helfen uns, die Komplexität des Lebens so zu reduzieren, dass unser Handeln überschaubar bleibt.

Wenn man die gesetzlichen Regelungen ins Belieben der eigenen Empfindungen stellte, hebelte man *sogleich* das ganze Regelsystem aus. Dann gäbe es keine Verlässlichkeit mehr. Dann könnte es nämlich sein, dass jemand, nur weil er grad Lust dazu hat, sich nicht an die Regel hält – und man könnte ihn verletzen. Der kurzfristige Vorteil, ein paar Minuten Zeit dadurch zu gewinnen, dass man bei Rot über die Ampel geht, hat den langfristigen Nachteil, dass man das System *Verkehrssicherheit durch Regeln* in seinen Grundfesten erschüttert. Man stört die Verkehrssicherheit. Letztlich schädigt man sich selbst, wenn man Gesetze bricht.

Regeln sind nur dann Regeln, wenn sich alle dran halten und nur in extremen, besonderen Ausnahmefällen von ihnen abweichen. Rechtsgehorsam ist eine Haltung, bei der die Rechtfertigung ausgelagert und formalisiert ist. Diese Bestimmung ist wichtig, ja fundamental: Gesetze wollen unmittelbar unser *Verhalten* regulieren. Zu unserem eigenen Wohl. Sicherlich gelten Gesetze *letztlich*, weil man das erwartete Verhalten als sittliche Handlung begründen *könnte*. Aber als Gesetz wollen sie nicht überzeugen, sondern erzwingen. Sie wollen durch Zwang so lange Schaden abwenden, bis ein Sachverhalt ethisch geklärt wurde. Und nun noch eine Drehung weiter: Sich mit diesem Argument an Gesetze zu halten (oder eben nicht), ist indes eine sittliche Überzeugung.

Rechtsgehorsam

Rechtsgehorsam ist ein sehr hohes Gut: Wir müssen uns darauf verlassen können, dass der Narkosearzt im Krankenhaus die beste Ausbildung durchlaufen und alle Prüfungen bestanden hat … und *nur* und *genau* deshalb Narkosearzt wurde – und nicht, weil er mit der Chefärztin ein Techtelmechtel hatte und im örtlichen Golfclub als Beirat mitspielt. Wenn es jedoch sein *könnte*, wenn nur die *geringste* Möglichkeit besteht, dass jemand Narkosearzt wird, weil er so gut vernetzt und kommunikativ ist, dann ist *das gesamte Gesundheitssystem in Frage gestellt*. Denn dann könnte überall Inkompetenz lauern. Dann kann man sich auf nichts mehr verlassen.

Gesetzlich geregelte Prüfungen schützen also alle, weil sie gewährleisten, dass nur der beste Bewerber an die Stelle kommt, für die er ausgebildet wurde. Deswegen ist Pfuscherei bei Prüfungen ein Vergehen gegen die *gesamte* Rechtsgemeinschaft – nicht eine kleine Fehlleistung. Mit der Schummelei zerstört man das *gesamte* Vertrauen in das Rechts*system*.

Das Rechtssystem verlangt aus diesen Gründen einen starken, *fast* unbedingten Rechtsgehorsam, der nur in wohlbegründeten Ausnahmen durchbrochen werden darf. Wenn Gesetze unmoralisch sind, dann muss man sie auf dem Rechtsweg ändern, nicht aber dadurch, dass man sich persönlich nicht ans Gesetz hält. Man kann keine Steuern hinterziehen, nur weil man nicht möchte, dass die Regierung sie für die falschen Zwecke ausgibt. Rechtsungehorsam muss die Ausnahme bleiben, für Notfälle vorbehalten. Rechtsungehorsam ist der Notausgang im Rechtssystem, den man nicht zu oft gebrauchen darf.

(49) Rechtsgehorsam ist der Regelfall. Sich nicht an Gesetze zu halten, muss aus sittlichen Gründen die Ausnahme bleiben.

Schutz und Schirm

Gesetze schützen die, die sich selbst nicht schützen können: Sie schützen den Einzelnen, der nicht in allem, was
ihn betrifft, kundig sein kann. So wissen manche Jugend-
liche noch nicht, dass die Abhängigkeit vom Nikotin umso
stärker ist, je früher sie mit dem Rauchen beginnen. Also
erlassen die klügeren Erwachsenen Gesetze, die den einzelnen Jugendlichen auch dann vor Nikotinabhängigkeit
schützen, wenn er noch gar nicht weiß, dass diese Abhängigkeit droht. Gesetze sorgen sich in diesem Fall um die
Freiheit der Jugendlichen, die durch Nikotinabhängigkeit
beeinträchtigt wäre.

> (50) Gesetze schützen die Gesellschaft vor jenen, die keine
> Rücksicht nehmen, weil sie unfähig oder unwillig sind,
> richtig nachzudenken. Gesetze schützen die Freiheit.

Die Geschichte vom dummen Dieb

Gesetze richten sich im Regelfall gegen die, die die Freiheit anderer einschränken. Sie setzen mit Macht Sittlichkeit vor Macht. Sie schützen einerseits die Freiheit einer
Gruppe, indem sie die Freiheit Einzelner begrenzen. Sie
schützen andererseits die Freiheiten eines Einzelnen,
indem sie die Freiheiten einer Gruppe begrenzen. Sie
bestrafen die, die die Freiheit begrenzen wollen. Das alles
ist sicherlich noch nicht sittlich, aber es wird sittlich relevant: Sittlich wäre es, wenn man die, die die anderen stö-
ren, zu einem Gespräch einlädt und bittet, einmal zu überlegen, ob es denn richtig ist, durchs eigene Handeln die
anderen in ihrer Freiheit einzuschränken: „Schaut mal,
ihr nehmt der Familie das Auto weg, und daher können
sich die Familienangehörigen nicht mehr frei bewegen und

dahin gelangen, wohin sie wollen." Das Argument leuchtet unmittelbar ein, und *eigentlich* dürfte es keine Autodiebe mehr geben.

Aber leider gibt es immer wieder Autodiebe. Diese finsteren Gestalten bedenken offensichtlich nicht, dass sie die Freiheiten anderer einschränken, wenn sie sich etwas nehmen, was ihre eigene Freiheit vergrößert. Sie haben das noch nie so betrachtet. Oder sie sagen, das sei ihnen gleichgültig. Oder sie werden spitzfindig: „Das müssen Sie mir noch mal genau erklären, das versteh ich nicht: Wieso kann ich kein Auto stehlen? Die Bestohlenen bekommen es doch von der Versicherung ersetzt!" Und dann muss man ihnen ihren Denkfehler in Ruhe darlegen.

Was aber geschieht mit den Bestohlenen, während man den dummen Dieben die Sache mit dem Autodiebstahl sorgfältig darlegt? Wer transportiert inzwischen die Geschädigten? Wer bezahlt die Reisekosten, die auf die Geschädigten zukommen? Da sammelt sich was an. Denn die Autodiebe sind etwas schwer von Begriff. Kaum aus dem Verhör entlassen, knacken sie schon wieder teure Autos auf. Sie verstehen nicht, was Eigentum ist. Sie verstehen nicht, dass nicht nur *sie* frei sein wollen, um in die südliche Sonne zu fahren, sondern dass die anderen das auch wollen. Sie haben überhaupt kein Gespür für das, was sie gemacht haben. Man erklärt es ihnen noch einmal. Und noch zweimal.

Was macht man aber solange, bis die Diebe es endlich einsehen, dass es falsch war, was sie angestellt haben? Man erlässt Gesetze. Gesetze warten nicht darauf, bis der Dieb seine Fehlhandlung eingesehen hat, sondern sie kürzen das Verfahren der Einsicht ab. Diebstahl, das hat die Geschichte gezeigt, ist in den meisten Fällen nicht gerechtfertigt. Für den Fall, dass jemand das immer noch nicht einsieht, hält man die Begründung in Kurzform bereit: Wer klaut, wird bestraft.

Warum das so ist, kann man ausführlich erklären. Aber um inzwischen die zu schützen, die geschädigt wurden; um weiterhin die bürgerlichen Geschäfte zu ermöglichen, Handel und Wandel, muss man diejenigen aus dem Verkehr ziehen, die aus Mangel an Wissen und Verstand, aus Mangel an Urteilskraft und Vorstellungsvermögen und aus Mangel an Vernunft und Willen abgelehnt haben, sich dieser Frage zuzuwenden, und stattdessen lieber Autos stehlen.

Gesetze sind Entlastung von Einzelfallentscheidungen. Sie warten nicht so lange, bis der Täter sein Fehlverhalten einsieht. Sie erwarten nur, dass er etwas nicht tut. Notfalls aus Angst vor der Strafe.

Verhaltensmaßregelvollzug
Warum wir Steuern bezahlen, ist dem Finanzamt so lange gleichgültig, wie wir sie bezahlen. Ob wir sie bezahlen, weil wir Angst vor Steuerfahndern haben oder weil wir der Auffassung sind, dass ein Staat hoheitliche Aufgaben wie die Sicherung der Daseinsvorsorge hat, wofür er Geld braucht …, das ist dem Finanzamt gleichgültig. Es will unsere Überweisung, nicht unsere Motivation.

> (51) Gesetze betreffen das Verhalten; Sittlichkeit betrifft den Willen zum Handeln.

Solange wir das geltende Recht nicht brechen, ist der Gesetzgeber an unserem Willen nicht interessiert. Erst wenn wir das Recht brechen, fragt er, warum wir es gebro-

chen haben. Dann wird aus einer juristischen Frage eine
ethische … es *könnte* gute Gründe geben, warum ein Hun-
gernder im Supermarkt eine Schokolade mitgehen lässt:
Er hat sich geschämt, einen Antrag auf Sozialhilfe zu stellen. Er hatte eine akute Unterzuckerung. Er hat seit Tagen
nichts gegessen. Und nun muss man überlegen, ob eine
solche Begründung gültig ist oder nicht.

Der Gesetzgeber erwartet, dass man sich gesetzestreu
verhält. Er erklärt nicht jedem einzelnen Bürger, warum
er so handeln muss, wie er handeln soll. Das würde bei
80 Millionen Bürgern zu lange dauern und zu aufwän-
dig sein. Er nötigt uns nur zu angemessenem Verhalten,
indem er uns Nachteile zufügt, wenn wir uns nicht angemessen verhalten. Dabei müssen wir voraussetzen, dass
das erwartete Verhalten *letztlich* sittlich begründet ist.
Gesetze wollen nicht unser *Handeln* steuern, sondern nur
unser *Verhalten*. *Handeln* setzt den freien Willen voraus.
Verhalten besteht nur in der Übereinstimmung unseres
Tuns mit Regeln.

> (52) Nicht durch Begründung nötigen Gesetze zum richtigen
> Verhalten, sondern durch Strafen. Allerdings müssen
> Begründungen letztendlich möglich sein.

Wir haben also die freie Wahl: Mal zu fühlen, wie es ist,
mit 50 km/h auf einer Harley Davidson durch die Tem-
po-30-Zone im Wohnviertel zu brettern, damit sich die
Mädels umdrehen … das kostet 30 € Strafe. Oder behalten wir die 30 € und verzichten auf bewundernde Blicke?
Das ist doch mal eine echte Wahl!

Zugleich lernen wir etwas über Strafen (*Sanktionen* sagt
man heute dezent): Eine Strafe ist keineswegs immer eine

Strafe; sondern sie ist das nur für den, der sittlich sensibel ist. Dazu eine kleine Geschichte.

Die Geschichte vom klugen Dieb

Es ist Winter in der Großstadt. Ein Stadtstreicher wird gefasst, weil er eine Schokolade im Supermarkt gestohlen hat. Aber der Polizist lässt Gnade vor Recht ergehen: „Sie haben die Packung noch nicht geöffnet, es ist noch niemandem ein Schaden entstanden. Aber wenn ich Sie noch einmal beim Diebstahl erwische, sperre ich Sie für zwei Tage ins Gefängnis." Der Stadtstreicher nickt, geht zum Schokoladenregal und entwendet unter den Augen des Polizisten zwei Tafeln. Der Polizist ist total verärgert, was man schon am Sprachgebrauch sieht („Sprechen heißt werten"): „Das kostet dich zwei Tage Knast! Warum machst du das?" Die Antwort des Stadtstreichers: „Denken Sie mal: zwei Tage lang eine warme Stube, ein Bett, eine Dusche und sechs warme Mahlzeiten!"

Die Strafe war keine Strafe, weil die angedrohte Sanktion dem Täter keinen Nachteil, sondern einen Vorteil brachte. Sehen Sie es so: Wir Normalbürger fürchten vielleicht kaum etwas mehr als in ein Gefängnis einfahren zu müssen. Der Stadtstreicher aber sieht diese Inhaftierung als das geringere Übel gegenüber einer Nacht im Freien bei minus 10 Grad an.

Ob etwas eine Strafe ist, hängt vom Wertsystem des zu Bestrafenden ab. Wenn man eine Bank, die sich unredlich und waghalsig verspekuliert und so ihre Sparer geschädigt hat, mit einer Geldstrafe belegt – dann schädigt man nicht die Bank, sondern ihre Kunden. Es ist doch das Geld der Sparer, mit dem nun die Strafe bezahlt wird. Sie bekommen weniger Zinsen oder Service, weil die Bank die Strafgelder einsparen muss. Der Bank tut eine solche Strafe nicht weh. Wenn man Banken zu verantwortungsvollem Verhalten auch dann zwingen möchte, wenn sie es nicht einsehen, muss man sie so bestrafen, dass sie abwägen, was das geringere Übel ist, die Gewinne/Verluste durch Risikospekulationen oder die Strafe.

Empfindsame Täter
Wer bestraft wird, muss zudem ein Empfinden für sich selbst haben. Er muss es als unangenehm empfinden, wenn seine Freiheit eingeschränkt wird. Wer sich selbst aber nicht fühlt, wer kein *Selbstwertgefühl* mehr hat, wer so abgebrüht ist, dass seine Empfindungsfähigkeit nicht mehr im Takt arbeitet, den kann man kaum noch bestrafen.

Dass selbst drastische Strafen wenig abschrecken, liegt nicht nur daran, dass Täter davon ausgehen, nicht gefasst zu werden. Sondern es liegt auch daran, dass die Strafen oft gar nicht das Wertsystem des Täters treffen. Das Gefängnis ist nicht immer eine Strafe. Lebenszeit ist nicht für jeden Menschen ein Wert. Täter sagen, sie „reißen die Zeit im Knast ab", d. h., sie vergessen sie.

Wenn man es zusammenfasst, muss man eingestehen, dass Strafen nur bei denen wirken, die sie nicht brauchen. Nur sittliche Menschen kann man bestrafen.

Wenn Strafen das verstärken, was zur Straftat geführt hat
Es ist ein wenig absurd: Strafen wenden sich an die, die sittlich so inkompetent sind, dass sie ihr Vergehen nicht *vorab* einsehen, sondern straffällig werden. Bei der Bestrafung aber setzt das Rechtssystem voraus, dass Täter *genau diese* Einsicht haben, dass die Strafe nämlich ein Nachteil

bezogen auf ihr Wertsystem ist. Damit setzt der Gesetzgeber die Empfindungslage von Menschen voraus, die nicht straffällig wurden. Bei den Tätern aber kann *dieses* Wertsystem nicht intakt sein. Wäre es intakt, dann wären sie erst gar nicht Täter geworden.

Tätern könnte es auch an Vorstellungskraft fehlen, sich diese künftige Erfahrung der Strafe vorzustellen – so, wie es ihnen an Vorstellungskraft gefehlt hatte, sich vorzustellen, was ein Wohnungseinbruch bei denen an Empfindungen auslöst, deren Privatsphäre sie verletzt hatten. Könnten sie sich diese Empfindungen vorstellen, würden sie nicht einbrechen. Oder wissen sie es und tun es trotzdem? Dann sind sie empfindungslos – und spüren vermutlich auch die Demütigung nicht, die ihnen durch die Bestrafung widerfährt.

Bei Tätern sind Wertsystem und Urteilskraft in den Grundfesten zerstört – während unser Rechtssystem in der Idee der Strafe voraussetzt, dass beides bei den Tätern hochsensibel ausgebildet ist. Dabei kann doch gelten: Mangel an Empathie mit den Opfern bedeutet auch Mangel an Empathie sich selbst gegenüber. Eine Strafe spricht also oft das an, was bei Tätern nicht vorhanden ist.

Es mag sein, dass diese Sicht auf das Verbrechen nicht alle Variationen und Fälle angemessen würdigt. Aber bei vielen Fällen ist zu fragen, ob man jemanden, der keine Empathie besitzt, dadurch bestrafen sollte, dass man nun auch noch die Rest-Empathie sich selbst gegenüber weiter schädigt: Man muss sich selbst schon nicht mehr fühlen, um fünf, zehn oder fünfzehn Jahre Haft zu überstehen. Man muss alles an Gefühlen bei sich auslöschen. Man muss empfindungslos werden; aber die Empfindungsunfähigkeit war es doch, die zu der Straftat geführt hat. So verstärkt ein Strafsystem das, was Grund für die Straftat war.

*

Postskriptum: Von der Höflichkeit

Gesetze *unterfordern* unsere sittliche Vernunft. Wir können es uns in der Rechtslage bequem machen, ohne selbst zu denken. Etwas anderes *überfordert* aber oft unsere sittliche Vernunft: die Höflichkeit. Wenn wir höflich sind, tun wir etwas, was nicht nötig ist, aber würdevoll. Natürlich haben wir auf einer Vorfahrtstraße die Vorfahrt. Wir könnten im Stau aber das Golf-Cabrio aus der Seitenstraße vorlassen. Natürlich stehen wir im Supermarkt mit unserem Einkaufswagen vor einem anderen in der Schlange, weil wir zuerst da waren. Aber nichts hindert uns daran, den jungen Punk im olivgrünen Achselshirt vorzulassen, der zwar später gekommen ist als wir, aber nur einen Energy-Drink erwerben will. Man kann die Sittlichkeit durchaus überbieten, und meistens hindert uns nur eine Person daran, es auch zu tun: man selbst.

6. Muss Politik sittlich sein?

Politiker zu kritisieren ist eine beliebte und einträgliche Gattung der Skandalblätter am Kiosk. Nicht erst seit heute. Spätestens seit den ersten Papyri hat das Geschäftsmodell Hochkonjunktur. Man kann den römischen Historiker Justinus aus dem 2. Jh. n. Chr. als Beleg anführen, der nämlich seinerseits nun auf der Tradition dieses Genres aufbaut:

> „Ninus, der Assyrerkönig (um 2000 v. Chr.), war der Erste, der eine bis dahin unbekannte Gier nach Herrschaft zeigte. Er hat zuerst Nachbarvölker bekriegt und die im Widerstand noch ungeübten Stämme bis zu den Grenzen Libyens hin unterworfen. Ninus begründete den gewaltigen Umfang der ersehnten Herrschaft in fortwährender Besitzergreifung. Dadurch also, dass er sich nach Überwältigung der zunächst angrenzenden Völker mit verstärkter Macht auf andere stürzte, so dass jeder neue Sieg die Grundlage für weitere bot, machte er sich sämtliche Völker des Orients untertan."

Der Kirchenvater Augustinus (354–430) kommentiert diesen Bericht in seiner Staatstheorie:

> „Wie anders nun denn als Räuberei in großem Stil soll man ein Vorgehen bezeichnen, das darin besteht, Nachbarn zu bekriegen und immer weiter vorschreitend lediglich aus Herrschgier Völker, die einem nichts zu Leide getan haben, zu vernichten und zu unterwerfen?"

Eine rhetorische Frage! Man kann sich den Rest der Darstellung denken, weil man ihn aus jeder aktuellen Nachrichtensendung kennt. Die Namen, Uniformen und Ideologien wechseln, der Sachstand bleibt der gleiche, das Resümee ist naheliegend: Außenpolitik ist ein schmutziges Geschäft.

Innenpolitisch sieht es nicht sauberer aus. Der griechische Historiker Polybios (ca. 200–120 v. Chr.) fasst diesen Tatbestand kurz im Begriff des *Tyrannen* zusammen:

> „Eine größere oder schwerwiegendere Anklage als diese ist kaum vorstellbar. Denn der Name *Tyrann* selbst enthält *jede* Vorstellung von Sittenlosigkeit und umschließt *jede* Ungerechtigkeit und *jedes* Verbrechen, die überhaupt unter Menschen vorkommen."

Biographien über römische Kaiser lesen sich zuweilen wie Auszüge aus den Akten der Kriminalpolizei oder wie Fallbeispiele für eine Einführung in die Psychopathologie: „So viel vom politischen Kaiser Caligula, im Folgenden haben wir vom Scheusal zu sprechen." Die Taten des mächtigsten Manns der damaligen Mittelmeerwelt kann man nicht mal beim Lesen ertragen, zumal das Scheusal sie auch noch kommunikativ aufzubereiten liebte: „Die Grausamkeit seiner Handlungen unterstrich er noch durch zynische Reden." (Nach Sueton, ca. 70–122.)

Politik im rechtsfreien Raum
In Internetauftritten erfährt heute dieser nicht zu leugnende Sachstand sein Update. Man ist nur in der Wahl seiner Mittel medientauglich geworden und überlässt die Schandtaten eigens dafür geschulten Geheimdiensten.

Politologen haben daher vorgeschlagen, Politik gar nicht erst an moralischen Maßstäben zu messen. Sie sei die Kunst des Möglichen. Sie habe eine eigene Idee: Die Sicherung der Lebensgrundlage. Das Politische entziehe sich dem sittlichen Diskurs, weil es um die Stärke der Nation oder den Erhalt des Staates gehe. Um Macht. So entziehen sich in der Tat einige der Öffentlichkeit allzu gut bekannte Staaten mit dem Argument dem Internationalen Gerichtshof in Den Haag, dass die Macht ihrer Nation über jedem Gesetz stehe. Irdische Gerechtigkeit habe nichts zu melden, wenn es um die Lebensgrundlage der eigenen Landsleute geht. Damit scheint die Politik fein heraus. Sittlichkeit scheint etwas für die Schwachen im Lande. In der großen weiten Welt aber gehe es um Macht.

Einspruch, euer Ehren!
An dieser Stelle müssen wir allerdings energisch einen Einwand formulieren: Wozu ist denn ein Staat da, wenn nicht dazu, dem Menschen ein menschenwürdiges Leben zu gewährleisten? Für sich selbst? Und nach welchem Rechtsgrundsatz darf eine Nation alle anderen Nationen knechten, damit die eigenen Bürger nicht in Knechtschaft leben müssen?

Politik ist die Fortsetzung der Sittlichkeit mit anderen Mitteln
Insofern politisches Handeln *Handeln* ist, unterliegt es jenen Prinzipien, denen *alles* Handeln unterliegt: Es muss sachlich richtig sein, Zwecke erfüllen, Folgen bedenken, es muss der Conditio Humana entsprechen, und es muss die Würde *aller* Menschen achten. Politik ist kein Freiraum, in dem sich Scheusale und Größenwahnsinnige, Gestalten wie Caligula oder Ninus (und die Liste würde jetzt

sehr lang, wenn man sie weltweit anlegte) austoben können, ohne dafür zur Verantwortung gezogen zu werden. Dass *sie* es alleweil gut gemeint haben, enthebt *uns* Bürger ja nicht von der öffentlichen Prüfung, ob sie es gut *gemacht* haben.

Aber eigentlich müsste diese Auffassung seit langem ein billiger Allgemeinplatz sein. So schreibt unser Gewährsmann Augustinus (354–430):

„Was sind denn Staaten, wenn die Gerechtigkeit fehlt, anderes als große Räuberbanden? Sind doch auch Räuberbanden nichts anderes als kleine Staaten. Sie sind eine Schar von Menschen, werden geleitet durch das Regiment eines Anführers, zusammengehalten durch Gesellschaftsvertrag und teilen ihre Beute nach Maßgabe ihrer Übereinkunft. Wenn eine solche schlimme Gesellschaft durch den Beitritt verworfener Menschen so ins Große wächst, dass sie Gebiete besetzt, Niederlassungen gründet, Staaten erobert und Völker unterwirft, so kann sie mit Fug und Recht den Namen *Reich* annehmen, den ihr nunmehr die Öffentlichkeit beilegt, nicht als wäre die Habgier erloschen, sondern weil Straflosigkeit dafür eingetreten ist. Hübsch und wahr ist der Ausspruch, den ein ertappter Seeräuber Alexander dem Großen gegenüber getan hat. Auf die Frage des Königs, was ihm denn einfalle, dass er das Meer unsicher mache, erwiderte er mit freimütigem Trotz: ‚Und was fällt dir ein, dass du den Erdkreis unsicher machst? Aber freilich, weil ich es mit einem armseligen Fahrzeug tue, nennt man mich einen Räuber, und dich nennt man Gebieter, weil du es mit einer großen Flotte tust.‘"

Es gibt nicht zweierlei Maß für die gleiche Handlung. Man lässt die Moral nicht an der Garderobe zurück, bevor man

das Kabinett betritt. Ab 1000 Toten wird Mord nicht zur
Heldentat.

> (53) Politik muss sittlich sein, so wie alles Handeln sittlich
> sein muss.

Aber was genau lässt die Politik so scheußlich erscheinen,
dass sich Zeitgenossen verdrossen abwenden und die
Nische des Glücks im trauten Heim suchen?

Sittliche Routiniers
Im Alltag sind sittliche Entscheidungen zum größten Teil
in sinnvollen Routinen versteckt: Man räumt gemeinsam
den Mittagstisch ab, ohne zuvor Kants transzendentale
Kritik der praktischen Vernunft zu bemühen. Man lässt
den Nissan von der linken Spur einfädeln (Reißver-
schluss!), ohne gleich John Rawls Theorie der Gerechtigkeit zu zitieren. Man misstraut der Zigarettenwerbung,
ohne zuvor Friedrich Nietzsches Kritik der konventionel-
len Sprache heranzuziehen.

Wenn der Alltag aber einmal der sittlichen Reflexion
bedarf, sind die Probleme so verworren, dass sie meistens
keine einfache Lösung zulassen: Das Problem, auf den
Top-Job in Singapur zu verzichten und die alten Eltern zu
Hause im Westerwald zu pflegen *oder* ein gutes Altersheim
zu finden und sich an der Unterbringung finanziell zu
beteiligen (was erst durch den guten Job in Singapur möglich ist), ist nicht mit Routinen oder Ratschlägen aus dem
moralischen Versandhauskatalog zu lösen. Vielleicht ist
dieses Problem gar nicht zu lösen.

Die Ausnahme als Regelfall

Nicht anders ist es in der Politik. Bei schönem Wetter kann man gut Politik in Nadelstreifen machen und den Moralisten aufs Wahlplakat drucken. Aber wenn es stürmt und gewittert? Wenn die Panzer an Polens Grenze, vor Prag oder in Kabul stehen? Dann zeigt sich, dass die Herausforderungen hochkomplex sind. Mit Idealen ist da nichts auszurichten. Antrainierte Soft Skills und verträumte Ansprüche aus der engagierten Ratgeberliteratur scheitern blutig an der rauen Realität. Da in der Wirklichkeit wie bei einem gewirkten Stoff alles mit allem zusammenhängt, muss man, bevor man handelt, *alle* Folgen bedenken: Im Alter die kranken Eltern pflegen? Das hört sich tugendhaft an. So richtig moralisch. Aber ist es auch sittlich vertretbar? Wenn man neben dem Beruf die Eltern pflegt, macht man beides halb. Kann man sich das beruflich leisten? Kann man dann noch im Beruf Verantwortung übernehmen, wenn man erschöpft von der Elternpflege einen voll besetzten Stadtbus durch den Berufsverkehr steuern muss? Kann man es den Eltern gegenüber verantworten, denen doch die beste Pflegestufe zusteht und keine Halbherzigkeit? Könnte man mit weniger Geld die Eltern langfristig pflegen? Wer bezahlt die zusätzliche häusliche Pflege?

Andererseits: Wenn man die Eltern zu Hause pflegt, muss man das Haus umrüsten: Treppenlift, Seniorentoilette, visuelle Hausklingel. Schöner Wohnen ist das nicht. Die Montage beschädigt Putz und Aussehen. Das Haus verliert an Wert, so dass man langfristig die eigenen Kinder im Hinblick auf ihre Erbschaft schädigt. Geht es eher um die eigenen Kinder oder um die eigenen Eltern, wenn es hart auf hart kommt? Kann man die Eltern so professionell versorgen wie eine an der FH geschulte Pflegekraft? Wollen Eltern überhaupt von ihren Kindern gefüttert, gewaschen und auf die Toilette gesetzt werden? Will man selbst später so gepflegt werden? Was hatte Mutter früher immer gesagt, wenn alle Gäste gegangen waren und die Geburtstagsparty sich dem Ende neigte: „Wenn ich mal gaga werde, dann steckt ihr mich einfach ins Heim! Habt ihr das verstanden!" Alle hatten gelacht, nur Vater hat gesagt: „Trink langsam, meine Liebe! Du verträgst den Prosecco nicht!" Und nun sitzt Vater im Rollstuhl. Stumm, nach dem Schlaganfall halbgelähmt. Mutter kann ihn nicht länger pflegen. Aber sie will es, mit 94 Jahren und Rollator, mit dem sie durchs Haus stolpert.

Andererseits: Kann man mit dem Gefühl leben, bei den Eltern, gerade bei ihnen, versagt zu haben, weil man sie jetzt abschiebt? Kennt man nicht die Vorlieben und Ängste der Eltern, und kann man sie nicht daher jetzt, wo sie sich selbst nicht mehr versorgen können, besser betreuen als jede Pflegekraft? Wollen die Kinder nicht in der Nähe ihrer heißgeliebten *Oma Münster* bleiben und sie nicht nur zweimal im Jahr in einem bezahlbaren Heim irgendwo in der Eifel oder jenseits der tschechischen Grenze besuchen?

Das sind so die ersten Gedanken, die man sich macht und auflistet. Die Liste ist extrem unvollständig und wird noch sehr lang werden. Wie jene in der Politik.

Prinzipientreue

Bei der Problemlösung kann man selten auf bewährten Wegen gehen. Diese nämlich führen oft zurück zu „Los!". Sie enden am Anfang. Man muss also den rechten Weg erst noch finden. Dabei helfen einem die Prinzipien, die man beachten muss, wenn man die Wahl hat. Aber wie man

Prinzipien auslegt, das ist schon eine Kunst. Und so kann man mit vielen Belegen die These untermauern, dass nicht nur Politik, sondern das *Leben* überhaupt *Die Kunst des Möglichen* ist.

Sittlichkeit besteht nicht darin, auszumalen, was ideal wäre. Das machen Utopien – aber die Ethik sollte sich vom Wünschen so fernhalten wie die Schokolade von der Sonne. Die Welt ist nicht so, wie wir sie uns wünschen. Diese Erkenntnis ist weder neu noch Anlass zur Verzweiflung. Eines des Grimm'schen Märchen beginnt mit dem wunderbaren Satz: „In jenen Zeiten, als das Wünschen noch geholfen hatte …" Das Märchen weiß, wovon es erzählt: Von einer verwunschenen Welt. Diese Welt war allerdings schon verloren, als der Mensch sich ihrer zu erinnern begann. Ethik ist kein „Best of" unserer Wünsche. Die Herausforderungen sind so, wie sie bisher waren. Und was zu tun ist, haben wir in Kapitel 3 darzustellen versucht: Wir müssen aus den vorhandenen Handlungsoptionen jene auswählen, die sachlich, zweckmäßig, human und sittlich betrachtet die beste ist.

Anders geht es nicht. Es wird nicht lange gut gehen, wenn wir mit einem moralischen Wunschzettel in der Hand erwarten, dass unsere Wünsche in Erfüllung gehen wie früher zu Weihnachten: Friede, Freude, Wohlstand, Glück, Freundschaft, Respekt, Transparenz, Freundlichkeit, ja und Liebe. „All you need is love" – das ist nicht sittlich, sondern ein Verkaufsschlager. Eine solche Maxime taugt nicht dazu, zu überlegen, ob ein Firmenchef 100 von 300 Angestellten entlässt oder wegen zu hoher Personalkosten in den Konkurs geht.

Kopf oder Zahl?

Mag sein, dass die Welt des Groschenromans mit edlen Eltern, braven Kindern und weisen Großeltern ein Vorschein des Paradieses ist. Dass dort die Bösen hässlich und die Guten schön sind. Mag sein, dass Ehrlichkeit, Treue und Toleranz schöne Charakterzüge wären. Aber solche Traumbilder sind schlechte Ratgeber. Sie taugen nicht als Norm. Sie leiten uns nicht zum Handeln an. Im Alltag und in der Politik geht's gemischt zu. Wir sind im Reich der Nützlich- und Notwendigkeiten. Sittlichkeit ist daher kein Luxusprodukt, sondern alltägliche Herausforderung.

Sie meinen, ich hätte das Thema verfehlt, weil ich laut Überschrift etwas zur Politik sagen wollte und stattdessen von familiären Problemen geschrieben habe? Da muss ich Sie enttäuschen. Ich habe von der Politik geschrieben. Was ist ein Staat anderes als eine große Familie? Wer die Politik als schmutziges Geschäft charakterisiert, sollte eingestehen, dass es in einer Familie ebenso schlecht ums Reinheitsgebot bestellt sein kann. Die Menschen sind nicht besser, nur weil sie *nicht* auf der Regierungsbank sitzen, sondern auf dem Fernsehsofa.

Sittliches Handeln verlangt immer und überall Urteilskraft, d. h. die Fähigkeit zu erkennen, welchen Wert man in einer gegebenen Situation beachten muss, um gemäß der Würde des Menschen zu handeln.

Deswegen helfen auch in der Politik Ideale nicht weiter. Normen auch nicht. Evidenzbasierte Kriterien. Die braucht man, wenn man Büchsenfleich herstellt. Im Umgang mit Menschen ist man auf so etwas Wackeliges wie Sittlichkeit angewiesen. Man braucht einen klaren Kopf, um eine Situation so zu beschreiben, wie sie ist; man braucht Ideen und Phantasie, um zweckdienliche Handlungsoptionen zu finden. Und man braucht die letzte Motivation, sich an die Prinzipien zu halten. Manchmal kommen dabei schreckliche Dinge heraus. Oft sind sie aber immer noch besser, als es alle Alternativen waren. So ist das Leben. Man kann es weder wegwünschen noch abschaffen.

Wir leben seit je in der Katastrophe
Waren die Atombomben auf Hiroshima und Nagasaki sittlich zu vertreten? Opfert man 300 Krieger, um die anrückende Großmacht so lange aufzuhalten, bis alle Bürger fliehen können? Ist es sittlich, durch den Tod von vielen Menschen den Tod von noch mehr Menschen zu verhindern? Wir sollten nicht auf die Politiker schimpfen, die derlei Hausaufgaben lösen müssen, sondern beschämt danken, dass wir dergleichen nicht täglich zu entscheiden haben.

Sittliches Handeln ist keine Luxusbildung unter Schönwetterbedingungen. Ethik betrifft immer den Ernstfall. Zumeist sind es grausame Probleme, die uns sittlich herausfordern.

Politik – das ist ein Ernstfall der Sittlichkeit. Es kann mehr Menschenleben retten, den Diktator stoisch mit Ehrensalut und Musikkapelle zu empfangen, als edelmütig zum Boykott seiner landestypischen Obstprodukte aufzurufen. Moralische Posen sind selten sittlich. Das ist beim Abendbrot in der Familie nicht anders als am Verhandlungstisch im Auswärtigen Amt. Wer politisch agiert, muss abwägen, was seine Tat anrichtet – und da *kann* der dezente Ton (im Hinterzimmer) bessere Folgen haben als der lautstarke Protest (in der Tagesschau). Das ist nun auch keine Regel, sondern nur die Aufforderung, die Optionen genau zu prüfen. Manchmal stößt der Ehrensalut auf tau-

be Ohren, und dann muss man eine andere Sprache sprechen.

Es geht um Realpolitik
Ja, um was denn sonst? Unser ganzes Leben besteht nur
aus Realpolitik: Wir müssen so handeln, dass die bestmöglichen Folgen entstehen. Besser, als unerreichbare Forde-
rungen aufzustellen und die Menschen im Elend zu belas-
sen, ist es, Realpolitik mit Gaunern zu betreiben und so
die Menschen aus dem Elend zu holen! Man muss allerdings die Mogelpackung nicht gleich zum heiligen Schrein
erklären. Suchen wir die bessere Möglichkeit!

Macht ist nicht an sich schlecht. Man kann sie zum
Guten einsetzen. Die Ethik regelt, wie Politik zu beurteilen ist. Das ist manchmal sehr schwer. Die Schlösser Lud-
wigs II. waren eine Riesenverschwendung – und sichern
jetzt der bayerischen Fremdenverkehrsindustrie satte
Gewinne. War es sittlich, sie zu bauen?

Ist Demokratie sittlich?
Die regulative Idee der Politik ist das Gemeinwohl. Dar-
unter verstehen Politikwissenschaftler wie Ernst Fraenkel
(1898–1975) und Karl Dietrich Bracher (1922–2016) den
gerechten Ausgleich der verschiedenen Interessen, der in
Kommunikationsprozessen gefunden wird, die nach allgemein anerkannten Regeln im Rahmen einer Leitidee
zustande kommen. Für beide Historiker ist die Sittlichkeit
der Rahmen, der von der Politik nicht verlassen werden darf.

Aber Sie haben bestimmt inzwischen das Problem erkannt,
das dieser Formulierung und der Idee des Gemeinwohls
innewohnt wie der bittere Kern dem süßen Pfirsich: Die politischen Aushandlungsverfahren sollen nach *allgemein*

anerkannten Regeln gefunden werden – zugleich stellt aber die *allgemeine* Anerkennung von Regeln bereits das Ergebnis eines Aushandlungsverfahrens dar. Das Ziel wird als Voraussetzung angegeben. Gilt eine Pressekampagne via Internet als eine *allgemein anerkannte Regel*? Und wer gehört zu jener Allgemeinheit, die fähig und befugt ist, die Regeln festzulegen, mit denen die sozialen, wirtschaftlichen, kulturellen – kurz die politischen Inhalte ausgehandelt werden?

Die These, dass eine Allgemeinheit, bevor sie konstituiert ist, *gültig* die Regeln bestimmt, nach denen sie sich konstituiert, ist schwer zu begründen. Angenommen, die Allgemeinheit findet es völlig in Ordnung, dass jedermann seine politischen Gestaltungsprogramme mit Bomben und Maschinengewehren durchsetzt. Ist damit Gewalt gerechtfertigt? (Gewalt sei kein Argument, sagen Sie? Wieso? „Die politische Macht kommt aus den Gewehrläufen", ließ der Vorsitzende der chinesischen kommunistischen Partei Mao Tse-tung 1967 in ein kleines rotes Büchlein drucken, dass millionenfach vertrieben wurde. Ist das keine Allgemeinheit – bei inzwischen einer Milliarde Auflage?) Sie verstehen das Problem? Es lautet:

> (54) Wie finden wir die Regeln, mit denen wir jene Regeln bestimmen, nach denen verhandelt wird, was Allgemeinwohl ist – ohne schon jenes Allgemeinwohl vorauszusetzen, das bestimmte Regeln ausschließt?

Schlichter gefragt:

> (55) Wer bestimmt die Tagesordnung für das Verfahren, mit dem die Tagesordnung bestimmt wird?

Ich möchte antworten: „Niemand!" Das Verfahren, die Regeln für die Bestimmung von Regeln zu finden, ist – logisch betrachtet – unabschließbar. Jede Begründung kann man mit guten Gründen wieder in ein Verfahren überführen, dessen Regeln unbegründet sind.

Wieder ein Regress ins Unendliche!
Die Schwierigkeit einer *Legitimation von Verfahren zur Regelung von Verfahren politischer Entscheidungen* ergibt sich aus der Sache und unserem Verstand. Aber es wird noch problematischer:

Wie kann man angesichts globaler Komplexität und der Zunahme an wissenschaftlich abgesichertem Wissen verantwortungsvoll handeln? Woher weiß ein Bürgermeister, ob es sich lohnt, einem Logistikunternehmen fünf Jahre Steuervorteile zu gewähren, damit das Unternehmen sich nicht in der Nachbargemeinde ansiedelt und die Arbeitsplätze dort verbucht werden können? Was ist mit dem Biotop am naturbelassenen Bach, das durch die Neuansiedlung des Unternehmens zerstört wird? Was ist mit dem Lärm und der verschandelten Landschaft? Zählt beides nicht zur Lebensqualität? Wie ist die Zunahme an Zu- und Ablieferung zu bewerten? Und wie lange kann man im Stadtrat darüber debattieren, ohne dass das Unternehmen entscheidet – und sich in der Nachbargemeinde ansiedelt, die sich schneller entschieden hat? Eine Sitzung? Zwei Sitzungen? Wann ist das für die Entscheidung relevante Wissen gesammelt, bedacht und bewertet? Wann sind alle Argumente ausgetauscht, so dass man rational entscheiden kann? Und sind die Öko-Gutachten von den Eigentümern jener Villen am Stadtrand nicht ausschließlich strategisch motiviert? Wollen ihre Besitzer nur ihren bisher unverstellten Blick in die Landschaft retten, der bald von Lagerhallen verstellt sein wird? Aber was heißt „nur"? Immerhin verlieren die prächtigen Villen jetzt drastisch an Wert – sie werden nach der Ansiedlung des Logistikunternehmens nicht mehr „im Grünen" liegen, sondern am Rande eines hässlichen Industrieparks.

Stellen sich Fragen dieser Art nicht immer? Ist unser Verstand nicht immer an die Zeit, an die Geschichte gebunden? Ist nicht alles Wissen begrenzt und daher lückenhaft? Nicht zu Ende gedacht?

Unser Denken ist zugleich *endlich* wie *unendlich*. Es ist *endlich*, weil man nie alles wissen kann, und es ist *unendlich*, weil man immer weiter fragen kann. Suchen wir Rat bei einem Spezialisten für Zeit und Geschichte, bei Augustinus, der den Anfang vom Ende des Römischen Reiches am eigenen Leib erlebt hat:

„Und dennoch, wenn wir immer wieder auf Gegenrede antworten wollten, wann kämen wir da mit dem Streiten zu Ende und fänden für unsere Ausführungen ein Ziel? Denn die, welche das Vorgebrachte nicht verstehen oder in der Widerspenstigkeit ihres Sinnes so hartnäckig sind, dass sie sich gegen ihre bessere Einsicht verschließen, die erwidern, wie geschrieben steht, und ‚sprechen ungerechte Rede' und sind unermüdlich in haltlosen Meinungen. Es ist leicht einzusehen, eine wie endlose, mühevolle und unfruchtbare Aufgabe es wäre, wollten wir ihre Einwendungen jedes Mal widerlegen, sooft sie mit trotziger Stirn, nur um unsern Ausführungen zu widersprechen, irgendetwas vorbringen, unbekümmert darum, was sie sprechen." (Civitas Dei II,1)

Das Faszinierende an diesem Text ist, dass er aus einer Zeit stammt, in der doch alles angeblich so viel einfacher gewesen sein soll. Wir würden (so sagt man) *heute* in hochkomplexen Gesellschaften leben, undurchschaubar und unübersichtlich! ,Unsinn', hört man im inneren Ohr Augustinus uns zurufen, ,das war schon bei uns nicht anders. So postmodern seid ihr dann doch wieder nicht. Der Grund aller Probleme ist der gleiche!' Man kann und konnte nie alles bis zu Ende diskutieren. Nicht mal im Supermarkt; denn dann hätte ich in der Diskussionsrunde immer noch die 30 Cent für die Kassiererin in der Hand und wüsste nicht, was zu tun sei. Man muss mit dem Nachdenken zu einem Ende kommen. Bald drohen Geschäftsschluss und Kassensturz.

Und hier nun unterscheidet sich die Politik von der Ethik. Die Ethik kann sich Jahrtausende Zeit nehmen und ganze Bibliotheken füllen. Der Politiker aber tritt morgen beim Staatsbesuch dem Diktator gegenüber und soll ihm die Hand schütteln. Soll er lächeln? Soll er missgelaunt dreinschauen? Er muss eine Antwort haben. Besser eine falsche als keine? Das wäre zynisch. Aber es ist nicht ganz unwahr. Denn das Abwarten ist ja auch eine Entscheidung.

Das Kunststück: Endlich mit der Unendlichkeit umgehen
Gleichwohl hat die Politik einen Mechanismus gefunden, der den unendlichen sittlichen Diskurs mit dem politischen Handlungszwang verbindet. Einen Trickmechanismus:

(56) Die Politik setzt voraus, was sie herbeiführen will.

Die Politik setzt voraus, dass die einzelnen Menschen bereits *im argumentierenden inneren Dialog für sich selbst* entschieden haben, was sittlich zu vertreten ist. Das *Begründen* ist nicht Gegenstand der Politik; vielmehr treten die, *die sich begründet entschieden haben*, als Politiker auf, und versuchen das, was sie für richtig halten, durchzusetzen. Sie stehen als Menschen unter der Fuchtel der Sittlichkeit. Aber ihre politische Maxime ist die der Durchsetzung.

Politik dient nicht dazu, die richtige Entscheidung zu *finden*. Sie dient der *Durchsetzung* des für richtig Befundenen. Die *Umsetzung* von Sittlichkeit ist die Aufgabe der Staatskunst, nicht die Findung der sittlichen Entscheidungen.

Sittlichkeit wird von der Politik als gegeben vorausgesetzt. Sie ist nicht Gegenstand, sondern Voraussetzung der Politik. Im Bundestag debattiert man nicht darüber, was Präimplantationsdiagnostik ist und ob sie sittlich zu vertreten sei. Das macht man in Kliniken und Ethikforschungsstellen. In der Politik klärt man vielmehr, welche der ausgeforschten Konzepte man durchsetzen will. Dazu muss der Politiker (gleichgültig welchen Geschlechts) *vorab für sich* geklärt haben, wie er sich sittlich zu der Sache verhält. Das muss er schon wissen, bevor er aufs Rednerpult steigt. Und dann wirbt er mit den bekannten Argumenten für seine Position. Und mit Macht. *Politik ist nicht Findung, sondern Durchsetzung.* In Bundestagsreden geht es darum, den Sachverhalt *so* darzustellen, dass man möglichst viele *Fellower* (Anhänger) findet und man das verwirklichen kann, was man auch ohne Bundestag für richtig hält.

Politik ist die Kunst der Durchsetzung

Der Politiker verfügt beim Urteilen nicht über andere Fähigkeiten als der Ethiker. Er muss die gleichen Regeln beachten, um sittliche Urteile zu fällen. Aber dann muss er etwas tun, was der Ethiker unterlässt: Er muss handeln. Das erwartet man von ihm. Die Redezeit ist vorbei. Nun geht es darum, aktiv zu werden.

(57) Ethik unterscheidet. Politik entscheidet.

Und damit rechtfertigt sich die Demokratie. Und zwar so: Die Demokratie ist keineswegs geeignet, die beste sittliche Lösung zu finden. Bei der Juliwahl 1932 bekam Adolf Hitlers NSdAP 37,4 % der abgegebenen Stimmen. Da haben sich die Wähler gewaltig geirrt. Daher gilt:

(58) Sittlichkeit findet man nicht durch Mehrheitsbeschluss, sondern nur durch Argumentation.

Aber wenn alle nachgedacht *haben, dann* kommt die Demokratie ins Spiel. Weil man im Alltag nicht alles bis zum Ende ausdiskutieren kann, weil es einen Handlungsdruck gibt, *muss* man entscheiden. Die Demokratie unterstellt dabei den Akteuren, dass sie sich vorab informiert und alles *für sich* geklärt haben. Demokratie setzt den Bürger voraus, der sich ein Urteil gebildet hat, *bevor* er zur Wahlurne schreitet.

(59) Demokratie setzt den gebildeten Bürger voraus.

Auf den Rednerpulten der Wahlveranstaltungen stehen jene Menschen in schmucken Kostümen und seriösen

Anzügen, die sagen: „Aufgrund meiner Überlegungen bin ich zu diesem und jenem Ergebnis gekommen. Wir können das hier nicht *ausdiskutieren*. Aber wenn Sie *beim Nachdenken* zu dem gleichen Ergebnis gekommen sind wie ich, dann wählen Sie mich!" Politiker müssen nicht (grundsätzlich und immer) in der Sache überzeugen, sondern sie wollen die Stimme eines bereits Überzeugten durch die Lautsprecher an andere Überzeugte schicken. Es ist wie beim Fußball: Da erklärt man zwei Minuten vorm Anpfiff auch nicht noch mal die Spielregeln und ihren Sinn. Da will man gewinnen.

Die gestylten Damen und Herren in den Wahlspots sagen lediglich mit festem Blick zu uns: „Aufgrund meiner Überlegungen bin ich zu diesem Ergebnis gekommen. Wir können das hier nicht *ausdiskutieren*. Aber wenn Sie mir *zutrauen und vertrauen*, dass ich alle Argumente geprüft habe, dann wählen Sie mich!" Sie werben nicht durch Überzeugung, sondern durch ihr Überzeugtsein. Es ist wie beim Arzt: Auch da können wir nicht jede Maßnahme nachprüfen; wir vertrauen darauf, dass er alles von seinem Metier versteht und uns aufrichtig und zu unserem Besten berät.

> (60) Demokratie ist die Regierungsform, die endliche Entscheidungen angesichts unendlicher Diskutierbarkeit herbeiführt.

Deswegen ist es demokratiezerstörend, wenn Politiker lügen. Wenn sie korrupt sind. Wenn sie nur an ihre Karriere denken und nicht zugleich ans Gemeinwohl. Alles das macht Demokratie suspekt. Es demontiert „die Politiker". Man mag dem Gewerbe nicht mehr trauen.

Erwischt man einen, misstraut man allen. Man traut ihnen nicht mehr zu, dass sie alles gewissenhaft geprüft haben.

Aber das ist nicht fair! Es darf auch für Politiker keine Kollektivstrafe geben. Jeder Fall muss einzeln geprüft werden – unter Unschuldsvermutung. Die Prüfung der Argumente ist die Pflicht des einzelnen Bürgers. *Er* muss wissen, was er entscheidet. *Er* muss eine Einstellung haben. *Er* muss sich bilden. *Dann* kann er jene Politiker wählen, die dem am nächsten kommen, was er als richtig und gut erachtet. Die Politiker können daher immer nur so sittlich sein wie die Bürger, die sie wählen. Im Zweifelsfalle könnte sich der Bürger zur Wahl stellen. Daher ein Postskriptum:

*

Postskriptum: Politik auf dem Prüfstand

Es wird Sie vielleicht verwundern, aber ich behaupte, dass die Politik immer versucht, sittlich zu hantieren, und dass ihr der Versuch auch oft gelingt. Zur Politikschelte ist ebenso wenig Grund wie zur Politikverdrossenheit. Nehmen wir ein paar der gängigen Thesen und prüfen sie:

Politik ist korrupt

Zuerst einmal die Klage, dass die politische Kaste korrupt sei und die Interessen der Bevölkerung nicht mehr vertrete. Das mag so sein. Aber wenn dem so ist und die Politiker ihren Arbeitsvertrag nicht erfüllen, gehören sie vor den Kadi. Nur ist das kein Grund, sich von der Politik abzuwenden! Nur weil ein Arzt mit der Krankenkasse falsch abrechnet, verzichten wir doch nicht grundsätzlich auf medizinische Betreuung! *Wieso soll es die Lösung eines Prob-*

lems sein, wenn man es ignoriert? Wie soll man eine Verhaltensweise nennen, bei der man nicht mehr hinschaut, wenn es nicht so läuft, wie man selbst es sich wünscht?

Wer sich morgens bei der Lektüre der Frühstückszeitung darüber empört, dass Politiker des Stadtrats „wieder einmal" nur in ihre eigene Tasche wirtschaften, der könnte doch auch sofort die Zeitung zur Seite legen, aufstehen und sich mit dem Argument zur nächsten Wahl stellen, dass er den Missstand zu beheben versucht. Besser*wisser* braucht die Politik nur in deutlich begrenztem Maße; die gibt es seit der Antike zuhauf. Besser*macher* braucht die Politik dagegen sehr viele. Da ist das Angebot an Fachkräften seit der Antike recht überschaubar. Es herrscht Fachkräftemangel. Denn die Besserwisser hinter der Frühstückszeitung verhalten sich so wie ein Arzt, der sich angeekelt abwendet, wenn er ein gebrochenes Bein sieht, und sagt: „Das ist ja übel." Davon wird das Bein nicht wieder heile. Jeder *professionelle* Arzt handelt auch nicht so; er greift vielmehr zu Gips und Verbandszeug. Wenn alle die, die aus Politikverdrossenheit nicht wählen gehen, zur anstehenden Wahl gehen würden, dann trügen sie aktiv Mitverantwortung für das, was sie jetzt nur bejammern. Sie wären *professionelle* Bürger. Jetzt tragen sie auch die Mitverantwortung für das, was geschieht: durch ihre Passivität (vgl. Prinzipien 2 und 10).

Da kann man doch nichts ändern

… ist ein weiteres Argument gegen das politische Engagement. Die Schwerkraft der Verhältnisse. Die Strukturen. Der militärisch-politische Komplex. Da kannst du machen nix, sagt man im Volksmund. Wieso eigentlich? Wieso kann man nichts ändern? Die (vermeintlich) korrupten Politiker ändern doch auch andauernd etwas. Und vieles Gute hat sich ganz schnell entwickelt: Alle Bürger können heute kostenlos allgemeinbildende Schulen besuchen – vor 200 Jahren ein Traum. Vor 140 Jahren konnten Frauen in Deutschland nicht studieren. Heute stellen sie die größte Gruppe unter den Studierenden. Es hat sich nichts geändert? Es hat alles keinen Sinn? Hätten das die Frauen vor 140 Jahren auch sagen sollen? Natürlich kann man etwas ändern, freilich dann nicht, wenn man nichts tut.

„Ja, aber bis du in der Position angekommen bist, in der du etwas verändern kannst, musst du dich so anpassen, dass du nichts mehr verändern willst."

Da staunst du, nicht wahr! Die Menschen tun gar nicht sofort, was du ihnen sagst? Sie haben einen eigenen Willen! Da hast du nun eine tolle Idee, wie man die Schwimmbäder in der Stadt erhält, und keiner folgt deiner Idee! Nicht zu fassen! Und da lässt du es doch lieber ganz sein?

„Du trittst gegen ein Kartell der Politprofis an! Wenn du was verändern willst, zieht niemand mit!"

Soll Pepsi-Cola die Produktion einstellen, nur weil über 50% der Colatrinker die Firma mit dem roten Etikett bevorzugen? Was wäre das für eine Handlungsregel für ein Unternehmen, wenn man das, was man tut, an dem misst, ob es andere auch mit tun? Man tut etwas, weil man es für richtig hält, und nicht, weil andere es auch tun.

„Ja, genau! Die anderen ziehen nicht mit; deshalb tue ich auch nichts!"

Dann könnte man sich gleich ganz zurückziehen, könnte jammern und klagen und der Welt die Schuld an ihrem Zustand geben. *Man wäre endlich unfrei! Man muss nicht mehr das Gute tun!* Die Welt ist schlecht; *deswegen* lassen wir sie so! Man könnte guten Gewissens und wohlig im Schlechten leben. Im *Heartbreak Hotel*: „I found a new place to dwell. / It's down at the end of lonely street." Könnte es nicht sein, dass das beredte Jammern über die bleiernen Zeiten im Grand Hotel „Zum gebrochenen Herzen" einfach nur komfortabler ist, als zu nachtschlafender Zeit in lautstarken Disputen mit Platzhirschen und Alphatierchen Kompromisse auszuhandeln? „And although it's always crowded, / you still can find some room. / Where broken hearted lovers / do cry away their gloom." Es ist kuschelig, in Einsamkeit vorm Fernseher zu schmollen und über die korrupte Politik zu schimpfen. Sollte man vielleicht einmal probehalber die Regel einführen, dass sich im Internet nur zur Politik äußern darf, wer nachweislich auch wählen geht … Ich vermute, es gäbe erheblich weniger Shitstorms.

Die Welt ist schlecht

Dies wird immer wieder behauptet. Aber die Aussage ist sachlich falsch und fern jeder Realität. Die Geschichte mag übel verlaufen sein. Aber sie hörte *vor* genau einer Sekunde auf. Nun beginnt die Zukunft. Wir sind frei, das Gute zu tun. Wir können *ab jetzt* das Gute tun, daher *kann* die Welt gar nicht schlecht *sein* – so grauenhaft die Geschichte *bisher* auch abgelaufen ist.

Ich möchte an dieser Stelle auf den Fundus der Trivialliteratur zurückgreifen, damit so vielleicht die *Trivialität des Guten* deutlich wird (und nicht nur die „Banalität des

Bösen"). Im Roman vom *Schatz im Silbersee* erzählt Karl May (1842–1912) von einem Wettstreit zwischen Weißen und Roten. Es geht um Leben oder Tod. Der kleine gehbehinderte *Hobble-Frank* soll mit einem kräftigen Utah-Indianer namens *Springender Hirsch* um die Wette laufen. Dem Verlierer droht der Tod. Der Häuptling der Utah warnt die Bleichgesichter ob der ungleichen Voraussetzungen und malt die Chancenlosigkeit des Unternehmens in grellen Farben aus. Und dann entwickelt sich ein kleiner Dialog, dessen Konsequenz sicherlich nicht noch mal kommentiert werden muss:

– Willst du deinem Gefährten nicht raten, sich lieber ohne Kampf zu ergeben?
– Nein.
– Er würde schnell sterben, ohne Schande auf sich zu laden.
– Ist es nicht die allergrößte Schande, sich ohne Kampf zu ergeben?

Was soll man da noch sagen? Vielleicht:

(61) Wer sich nicht bemüht, handelt unsittlich.

Im antiken Athen konnten die Bürger sich lautstark zur Politik äußern. Das war sinnvoll. Denn jeden konnte das Los treffen, zum Politiker zu werden: Da würde man sehen können, was aus dem großen Demagogen würde ... wenn er nun praktikable Vorschläge machen soll, wie man die Kriminalität einschränkt, den Handel fördert und die Arbeitslosigkeit reduziert. Vermutlich würde auch heute jeder gute Vorschlag sofort umgesetzt, wenn es ihn denn gäbe. Offensichtlich ist es leichter, Politik zu kritisieren, als gute Vorschläge zu unterbreiten und durchzusetzen.

Im Unterschied zur Kunst, wo der Romankritiker kein guter Romanautor sein muss, sollte in der Politik der Kritiker es nicht nur besser wissen als jene, die er kritisiert, sondern er sollte es auch besser machen. Gleich. Sofort.

7. Wann ist die Moralität entstanden?

Menschen gibt es schon recht lange, man schätzt seit ca. 2 Millionen Jahren. Aber wie lange gibt es die Sittlichkeit?

Gemeint ist mit der Frage nicht, wann die erste ausgearbeitete Ethik publiziert und in die Bibliothek eingestellt worden ist. Sondern gemeint ist die Frage, seit wann Menschen sittliche Vorstellungen haben. Ob diese Vorstellungen mündlich überliefert, ordentlich gesammelt oder säuberlich aufgeschrieben wurden, ist eine ganz andere Frage – denn auch heute gelten zum Beispiel in Familien viele Regeln, ohne dass die Regeln zu einem System ausgearbeitet, gesammelt oder verschriftlicht überliefert würden. Gleichwohl handeln die Menschen in den Familien sittlich.

Buchausleihe: Vom Ursprung der Sittlichkeit
Wann also sind sittliche Vorstellungen entstanden? Diese Frage scheint wichtig, weil man versuchen könnte, aus dem Entstehungsprozess (der *Genese* oder *Genealogie*) der Sittlichkeit ihre Bedeutung abzuleiten oder sogar zu begründen. Die Fachleute sagen: Aus der *Genese* könne *Geltung* abgeleitet werden. Denn alles, was ist, sei aus einem (guten) Grund entstanden.

Allerdings wäre solche *Archäologie der Ethik* auch umgekehrt nutzbar: An der Genese, also der Entstehungsgeschichte, könnte gezeigt werden, dass die Sache der Moral schon im Ursprung des Entwicklungsprozesses höchst bedenklich war. Wenn man z. B. zeigen könnte, dass die herrschende Moral immer nur die Moral der Herrschenden war, dann käme man zu dem Schluss, dass Ethik nur ein Mittel ist, Herrschaft zu sichern. Das wäre ein höchst unlauteres Motiv, weil es dieser „Ethik" dann gar nicht darum ginge, dem Menschen gerecht zu werden, sondern darum, Privilegien zu schützen. Die Ethik diente in diesem Falle der Unterdrückung der Triebe (die man nunmehr als an sich gut ansieht) oder der Auslöschung der Differenz (dto.). Statt mit Körpereinsatz und Waffengeklirre, mit Kerkern, Folter, Polizei und hohen Mauern Herrschaft abzusichern, sorgten Tyrannen oder anonyme Mächte lieber dafür, dass Normen durchgesetzt würden, die alles Abweichende im Ursprung vernichten sollten.

Noch besser im Sinne der Herrschaftsmoral könnte es funktionieren, wenn ein unausgesprochenes Regelsystem installiert würde, mit dem sich die Untertanen *selbst* kontrollierten. So würde Herrschaft in Selbstbeherrschung verwandelt; die Disziplinierung in Selbstdisziplinierung. Die äußerlichen Schranken würden zur inneren Selbstbeschränkung umgewandelt. Die *Kontrollgesellschaft* wäre geboren: Man bemühte sich nun selbst und scheinbar „aus freiem Willen" um die erwünschte Anpassung.

Man kann genügend historische Beispiele für dieses Ansinnen in den Hinterzimmern der Macht finden, und bis in die heutigen Tage hinein ist die Implantierung von Selbstkontrolle die erfolgreichste Form von Kontrolle und damit Herrschaft. Die großartigen kritischen Utopien von George Orwell (1984, im Jahre 1948 entstanden) und Aldous Huxley (Brave New World/Schöne neue Welt, schon 1932 entstanden) zeigen, wie ein politisches System die totale Kontrolle über die Menschen sichert, wenn es jeden einzelnen Bürger überzeugt, überredet oder dahingehend manipuliert, sich selbst zu formieren.

Nur: Mit Ethik und Sittlichkeit haben diese Herrschafts-formen oder Herrschaftsmittel wenig zu tun, weil sie einen Aspekt unberücksichtigt lassen: den der Freiheit. Wird eine implizite oder explizite Moral als Herrschaftsmittel benutzt, dann hebelt sie aus, was ihr Grund ist: die Freiheit. Hier wäre ein lang gesicherter Arbeitsplatz für investigative Soziologen, die solche Herrschaftsformen aufdecken könnten. Gerade in Gesellschaften, in denen sich Macht mit kollektiver Moral tarnt.

Man muss schon die Freiheit haben, das Andere erwägen und womöglich tun zu können. Sonst kann man nicht sittlich handeln.

(62) Wenn man nicht weiß, dass das, was man tut, besser ist als das, was man auch tun könnte, kann man nicht sittlich handeln.

Ein Stein als Herz
Viele überlieferte Texte zeigen indes an, dass es schon zu Beginn der überlieferten Gesetzgebungsverfahren Vorstellungen von falschem und richtigem Handeln gab. Und sie zeigen, dass Menschen nicht immer das tun, was sie einsehen – eine Gesellschaft aber aus Gründen des Selbsterhalts sicherstellen muss, dass ihre Gesellen das Gute auch dann tun, wenn sie es nicht einsehen.

Dies ist der Ursprung der Gesetze oder der Disziplin, über die wir schon im Kapitel 5 gesprochen haben. Wir können schlussfolgern: Mit dem ersten Gesetz ist die Sittlichkeit vorausgesetzt.

Um die Suche nach dem Ursprung oder der Genese (und damit vielleicht Geltung oder Fragwürdigkeit) von Sittlichkeit aber noch ein wenig weiterzutreiben, hilft die genauere Betrachtung der uralten Gesetze. Eines der ältesten überlieferten Dokumente einer sittlich motivierten Gesetzgebung ist der sogenannte *Codex Hammurabi*, eine Sammlung von Rechtssprüchen aus dem Babylonien des 18. Jahrhunderts *vor* Christi Geburt. Eine Rechtsquelle, das Herz einer Gesellschaft, in Stein gemeißelt – also für die Ewigkeit gedacht. Dass es in diesem archaischen Text nicht nur um die Sicherung von Herrschaft geht, kann man an zweierlei Lesefrüchten erkennen: Einmal sagt es König Hammurabi (1792–1750), der Urheber dieser Gesetzestafeln, ausdrücklich und selbst, und zum anderen zeigen es die Regeln, die aufgeschrieben wurden. So beginnt diese fast 4000 Jahre alte Sammlung mit folgenden Worten (deren steinernen Stil ich behutsam ein wenig biegsamer gemacht habe; die fremd klingenden Namen kann ich Ihnen aber aus gutem Grund nicht ersparen):

„Als der erhabene Gott Anue, der König der Anunnaki, Enlil, der Herr des Himmels und der Erde, welcher die Geschicke des Landes bestimmt, Marduk, dem erstgeborenen Sohn des Ea, die Herrschaft über alle Menschen bestimmten, unter den Igigi ihn erhöhten, als sie Babylons erhabenen Namen aussprachen, es in den Weltgegenden zur Übermacht machten, worin ein ewiges Königtum, dessen Grundlagen wie Himmel und Erde fest gegründet sind, ihm übertrugen, damals gaben mir, Hammurabi, dem stolzen Fürsten, dem Verehrer der Götter, um eine Gesetzgebung im Lande erscheinen zu lassen, den Bösen und Schlimmen zu vernichten, damit der Starke den Schwachen nicht schädige, damit ich wie Samas den Schwarzköpfigen erscheine und das Land erleuchte, den Menschen Wohlbehagen verschaffe, Anu und Enlil meinen Namen."

Einmal wird begründet, warum der weltliche Herrscher das, was er macht, überhaupt machen darf. (Dazu gleich einige Gedanken.) Dann aber wird der Zweck der Gesetzgebung benannt, nämlich der, nicht das Starke in seiner Stärke abzusichern, sondern das Schwache vor dem Starken zu schützen: Recht soll Macht brechen. Es geht darum, „den Bösen und Schlimmen zu vernichten, damit der Starke den Schwachen nicht schädige".

Sein oder Sollen
Damit ist ein wesentliches Moment der Sittlichkeit benannt: Sittlichkeit wendet sich notfalls gegen die herrschenden Verhältnisse. Die Faktizität soll nicht allein deshalb Recht bekommen, weil sie faktisch gilt.

> **(63)** Ethik entsteht, wenn das, was ist, von dem unterschieden wird, was sein soll.

Etwas ist nicht allein deshalb gut, weil es so ist, wie es ist. Etwas ist nicht gültig, weil es zufällig gerade gilt. Wer gerade zufällig stark ist, muss nicht Recht haben: Recht und Macht fallen auseinander. Es ist jeweils zu prüfen, ob der, der die Macht hat, sie auch richtig und gerecht ausübt. Handeln muss sich vor dem Recht verantworten – nicht umgekehrt.

Dass diese Absichtserklärung keine ganz besonders geschickte *Technologie* zur Erhaltung von Herrschaft ist, kann man gut an den Vorschriften und Normen selbst ablesen:

„§ 14 Gesetzt, ein Mann hat einen minderjährigen Freigeborenen gestohlen, so wird er getötet."

Hier geht es darum, Schwache zu schützen. Minderjährige in diesem Fall, damit diese nicht zu etwas gezwungen werden, was ihnen nicht zukommen soll. Es geht um einen spezifischen Schutz für Menschen, die sich selbst nicht das Recht verschaffen können.

Es gibt eine andere Gruppe von Menschen, die durchs Gesetz zu schützen sind, weil sie selbst es nicht können:

> „§ 128: Gesetzt, ein Mann hat eine Gattin genommen, ohne einen (schriftlichen) Vertrag mit ihr abzuschließen, so ist jene Frau nicht Gattin."

Frauen werden durch Verträge geschützt – wie auch immer ihre reale Rolle gewesen sein mag.

Aber es soll hier nicht darum gehen, aufzuzeigen, *welche* Vorstellung von Gerechtigkeit in diesem Text waltet, sondern *dass* überhaupt zwischen dem, was man derzeit tut, und dem, was man tun soll, unterschieden wird.

Erkenntnis durch die Schaufel

Nun ist der Steinblock Hammurabis im Hinblick auf die zehntausende von Jahren während Geschichte des heutigen Menschen (soweit die Wissenschaften sie rekonstruieren können) nicht sehr alt. Wie soll man in Zeiten, aus denen keine Schriften überliefert sind, auf so etwas Kognitives schließen wie die Moral? Oder auf Sittlichkeit? Oder gar auf eine Ethik? Zur Antwort springt der Archäologe mit einer Schaufel bei. Er belegt durch Ausgrabungen, dass seit den Anfängen des Menschen zweierlei zu finden sind: Kleidung und Bestattungsriten. Zu beidem sind Tiere nicht willens.

Menschen machen Kleider

Tiere kleiden sich nicht. Und wenn man als Kleidung auch Tätowierungen einschließt oder die Gestaltung des Körperhaars, so ist der Unterschied noch deutlicher greifbar. Selbst Menschenaffen tätowieren sich nicht. Und Pferde lassen sich keinen Pony schneiden. Menschliche Kleidung dient nun keinesfalls nur als Schutz vor schlechtem Wetter. So tragen manche Völker auch in heißen Regionen bis heute Kleidungsteile, obwohl es nicht notwendig wäre, sich so vor dem Wetter zu schützen. Andererseits tragen andere Völker oft so wenig Kleidung, dass sie vor der sengenden Sonne oder der beißenden Kälte gar nicht geschützt sind – ich denke da an allzu leichte Strandbekleidung bei Sommerurlaubern auf den Kanaren oder elegante Schuhe mit dünnen Ledersohlen im Schneematsch. Kleidung *mag* die Funktion haben, den Träger vor etwas zu schützen. Aber Kleidung *ist* immer mehr: Sie verbirgt etwas von einem vor dem anderen – oder stellt es besonders zur Schau. Sie ist Ausdruck von Scham oder Zurschaustellung. Sie soll etwas ausdrücken. Etwas, was sein *soll*.

Kleider machen Menschen

Kleidung zieht eine Trennungslinie ein zwischen dem, was natürlich oder vorgegeben ist, und dem, was gelten soll. Und damit ist Kleidung ein Indiz für die Vorstellung davon, dass man sich zu anderen Menschen *bewusst* verhält. Kleidung ist Ausdruck dafür, wie das Verhältnis eines Menschen zu anderen Menschen geregelt werden *soll*. Kleidung grenzt nicht nur von den Tieren ab, sondern auch vom anderen Menschen. Sie kann gleichwohl zur Gruppenbildung beitragen, indem man das Gleiche trägt wie alle anderen auch. Ich denke an die schönen Lederhosen in Bayern oder Kopftücher in Kairo. Damit ist Kleidung nicht einfach nur Ausdruck von subjektiven Vorlieben. Sie zeigt vielmehr ein *bestimmtes* und dann den Träger *bestimmendes* Verhältnis zu anderen Menschen an. Etwas, das sein *soll*. Kleider machen Leute. „Jeans sind eine Einstellung und keine Hose", sagt der DDR-Bürger Edgar Wibeau in Ulrich Plenzdorfs (1934–2007) Bestseller „Die neuen Leiden des jungen W." (1968). Kleidungsstücke zeigen an, dass es Vorstellungen von dem gibt, was sein *soll* – und dieses *Sollen* ist nicht identisch mit dem, was von Natur aus *ist*. Erzwungene Entblößungen demütigen den Menschen. Er verliert seine Würde. Die Folterknechte aller Länder wissen das ganz genau. Kleider betreffen immer die Würde des Menschen. Man kann jemanden durch unpassende Kleidung ganz schnell lächerlich machen; und man kann jemandem durch angemessene Kleidung Würde verleihen. Wir können also beruhigt auf sittliche Vorstellungen schließen, wenn wir Menschen mit Kleidungsstücken sehen.

Grabbeigaben

Aber nicht nur, *was* Archäologen in den Gräbern finden, ist aufschlussreich, sondern *dass* sie überhaupt etwas finden. Ja, *dass* sie Gräber finden, die die Zeiten überdauert haben – und überdauern sollten, ist ein prima Beleg für das Vorhandensein von Sittlichkeit.

Wir wissen heute nur deshalb von den „ersten Menschen", weil Archäologen deren Gräber gefunden haben. Wer aber ein Grab schaufelt oder errichtet, grenzt ein Sollen vom Sein ab: Die verstorbenen Mitmenschen sollen nicht wie Tiere zu Kadavern werden, von Aasfressern zerfleddert.

Warum eigentlich nicht? Warum gibt es Totenkulte? Warum machen sich die Nachkommen so viel Mühe? Warum bauen sie jahrzehntelang unter unglaublichen Entbehrungen und mit zahlreichem Fachpersonal (das man doch besser zur Produktion von Lebensmitteln oder zur Landesverteidigung gebrauchen könnte) riesige Pyramiden ..., nur um einen Toten zu bestatten? Warum ist es schändlich, Leichen zu schänden? Warum schänden die Sieger die Leichen der Besiegten ... diese sind doch schon tot und damit keine Gefahr mehr?

Es scheint immer die Vorstellung von menschlicher Würde zu sein, die hier handlungsleitend ist. Dem einzelnen Menschen soll eine Würde zukommen, die ihn vom Tier unterscheidet, vom Tier, das zum Aas werden kann. Damit aber ist die Sittlichkeit geboren – nämlich die Vorstellung, dass dem Menschen etwas zukommt, was nur ihm zukommt: seine Unversehrtheit. Er soll seine Würde bewahren, über den Tod hinaus. Die Würde bleibt erhalten, auch wenn der Leib stirbt. Sein „Ich" (seine Seele?) ist unsterblich. Jeder einzelne Mensch gehört zur Gemeinschaft der Menschheit – über den Tod hinaus. Du sollst deine Eltern ehren – und nicht einfach rumliegen lassen, wenn sie gestorben sind. Der Mensch ist nicht identisch mit seinem Körper, mit seiner Natur; sondern er hat etwas, was ihn über die Natur erhebt, so dass man die Existenz nach dem Tod gestaltet. Menschen wollen die Würde des Menschen über den Tod hinaus bewahren. Gräber grenzen Sollen vom Sein ab.

Der empfindsame Prähistoriker
Zum Teil anrührend und anmutig ist es, was Archäologen aus allerfrühesten Zeiten ausgraben, etwa aus der Altstein-

zeit (also vor weit mehr als 1 Million Jahre). Der Prähistoriker Hermann Müller-Karpe (1925–2013) berichtet in
seiner „Geschichte der Steinzeit" (1976) von einem Grab,
in dem die Leiche eines Jünglings im Alter von 15–17 Jahren gefunden wurde, der „mit seinem rechten Arm eine
wesentlich ältere Frau umschlungen hält. Diese Körper-
haltung und die ziemlich einheitliche Schmuckausstattung
beider sprechen für eine besondere Beziehung zwischen
ihnen." Und der strenge Wissenschaftler fährt, nun bezogen auf Kindergräber, sichtlich gerührt fort: „Es ist geradezu ergreifend, mit welch liebevoller Pietät und rühren-
der Überschwänglichkeit gerade die Kleinen beigesetzt
und mit Schmuck versehen wurden. Diese Kinderbestat-
tungen bezeugen eindrucksvoll, dass das Zusammenleben
der Paläolithiker nicht auf praktische Belange einer phy-
sischen Daseinsgestaltung und -sicherung beschränkt war,
sondern dass die Familiengemeinschaft ein die Angehöri-
gen umschlingendes Band liebevoller Fürsorge und
Anhänglichkeit war, das auch die Kleinen bis hin zu den
Neugeborenen mit einbegriff." So weit die Ergebnisse
mühevoller Schaufelarbeit.

Die Geschichte der Sittlichkeit beginnt also *spätestens*,
wenn die Geschichte der Bestattungen beginnt. Wann das
genau war, mögen Vorgeschichtler mit naturwissenschaft-
lichen Methoden herausfinden. Nicht das Datum ist ent-
scheidend, sondern der Umstand. Er bezeichnet die Geburt
des Menschen.

Gräber machen Menschen

Es gibt keine menschliche Gesellschaft ohne Bestattungsriten – und damit auch nicht ohne Sittlichkeit. Und es
scheint daher kein Zufall, dass eine der berühmtesten anti-

ken Tragödien das Recht auf Bestattung thematisiert, die Würde des Menschen, die ihm selbst dann zukommt, wenn er – politisch betrachtet – ein Feind ist: Die *Antigone* des Sophokles (496–406). In der Tragödie beharrt eine Schwester darauf, ihren Bruder im Tod zu ehren, obwohl er im Leben Feind des Staates war. Die Sittlichkeit soll über die Politik siegen:

> „Gewährte denn nicht Kreon dem einen unserer Brüder Grabesehren, weigerte sie aber schimpflich dem andern? Eteokles ließ er, wie man sagt, nach Recht, Gesetz und Brauch im Schoß der Erde bergen, so dass er drunten bei den Toten Ehre hat. Des Polyneikes Leiche aber, der elend starb, im Grab zu bergen und die Totenklage für ihn anzustimmen, verbot man den Bürgern, wie es heißt; er müsse liegen bleiben, unbeweint und unbestattet, willkommene Beute für die Vögel, die gierig lauern auf erwünschten Fraß. Dies, sagt man, ließ der edle Kreon dir und mir – ich sage: auch mir – verkünden, und er komme hierher, um es allen, die es noch nicht wissen, deutlich anzusagen. Er nehme die Sache nicht leicht, vielmehr drohe bei Verstoß der Tod durch öffentliche Steinigung. So steht es, und bald wirst du zeigen, ob du mit edlem Sinn geboren oder, wenn auch aus edlem Stamme, feige bist."

Aus der Suche nach der Genese der Sittlichkeit kann man vieles ableiten. Man wird sicherlich zeigen können, dass es Gesetze gab, die der Herrschaftssicherung einer sozialen Gemeinschaft, einer ethnischen Gruppe oder eines Geschlechts gedient haben. Dennoch wird auch deutlich, dass Sittlichkeit den Kontakt der Menschen untereinander so regeln soll, dass sie die Würde des Menschen schützen soll; dass sie diejenigen schützen soll, die sich selbst

nicht schützen können …, weil Macht nicht schon von sich
aus Recht ist.

Alte Weisheiten

Wie überlegt und wie human selbst im heutigen Sinn diese uralten Ethiken sind, kann man nun an zahllosen Beispielen aus der handschriftlichen Überlieferung ablesen,
etwa einem griechischen Lehrgedicht Hesiods aus dem
8. Jahrhundert vor Christus, das unter dem Titel „Werke
und Tage" firmiert. Einige Verse beschreiben die Unsittlichkeit der Welt und lassen uns so erkennen, was der Autor
als sittlich ansieht:

> „Doch auch dieses Geschlecht hinfälliger Menschen vertilgt
> Zeus,
> Wenn gleich nach der Geburt die Kinder an den Schläfen
> ergraut sind.
> Einig sind nicht die Kinder mit dem Vater, nicht dieser mit
> jenen;
> Nicht mit dem Wirte der Gast, der Gefährte nicht mit dem
> Gefährten;
> Nicht wird teuer der Bruder sein, wie einst er es gewesen
> ist.
> Bald missachten sie auch die Erzeuger, die altersgebeugten,
> Schmähen die Armen sogar, mit kränkender Rede sie
> tadelnd,
> Frevelnd und nimmer gedenk des Gerichtes der Götter; sie
> lohnen
> Niemals wohl den alternden Eltern die Pflege der eigenen
> Kindheit;
> Faustrecht waltet; die Stadt will einer dem andern verwüs-
> ten.

Nicht ist gerne gesehen, wer wahr schwört, nicht der Gerechte

Oder der Tüchtige, sondern den Unheilstifter, den Frevler

Ehren sie lieber; die Hand weiß nichts von der heiligen Zucht mehr,

Nichts vom Recht; es verletzt den edleren Mann der Verworfene,

Ihn durch tückische Worte verstrickend, und schwört noch den Meineid.

Scheelsucht, arges Gerücht ausstreuend, mit hämischem Blicke

Heftet sich schadenfroh an alle, die Leiden getroffen." (V. 180 ff.)

Hier ist die kleine Sittlichkeit des Alltags beschrieben, und Hesiod hätte bestimmt einen Ratschlag für mich gehabt, wie ich mich zu der energischen Kassiererin im Supermarkt hätte verhalten sollen.

Sand im Getriebe

Aufschlussreich ist, dass Hesiod die Sittlichkeit gerade nicht als Mittel dafür ansieht, die Funktionsfähigkeit der Gesellschaft zu erhalten oder zu verbessern. Die Gesellschaft funktioniert faktisch sehr gut ohne Sittlichkeit. Ja, wer unsittlich ist, hat gesellschaftlich sicher den größeren Erfolg: „*Nicht* ist gerne gesehen, wer wahr schwört, *nicht der Gerechte oder der Tüchtige*, sondern den Unheilstifter, *den Frevler ehren sie lieber.*" Die Auffassung, man sei sittlich, weil dann die Gesellschaft besser funktioniere, wird von Hesiod gerade nicht geteilt. Das Bemühen um Sittlichkeit stört vielmehr den reibungslosen Ablauf des sozialen Getriebes.

Sittlichkeit ist mehr oder anderes als Funktionalität. Sie stört die Geschäfte. Sittlichkeit ist unbequem. Sie hält auf. Die Kunden müssen warten, wenn jemand der Kassiererin Geld zurückgeben will, das sie irrtümlich herausgegeben hat. Das hält auf. Und das wegen ein paar Cents! Sittlichkeit ist Sand im Getriebe der Gesellschaft. Sie verursacht Reibungen. Sie nervt.

Herz aus Stein
Der Romantiker Wilhelm Hauff (1802–1827) hat in seiner Erzählung vom „kalten Herz" (1827) geradezu akribisch nachgewiesen, wie das mitfühlende Herz, die Sittlichkeit also, die meisten besonders ertragreichen Geschäftsmodelle stört. Wirtschaftlicher Erfolg sei besser mit einem kalten Herzen zu erzielen, also ohne Empathie, ohne Mitgefühl und ohne Mitleid. Da scheint sich in der Einschätzung der Sittlichkeit zwischen Hesiod und Wilhelm Hauff wenig geändert zu haben.

Eines kann man sicher der Sittlichkeit nicht nachsagen: dass sie nützlich wäre. Sie schützt die Nicht-Erfolgreichen, diejenigen, die sich auf dem Markt nicht durchsetzen können, die Machtlosen, die Schwachen, die Vorsichtigen, die Behutsamen, die Bedächtigen, die Sorgsamen, die Nachdenklichen und Vordenkenden – alles Eigenschaften, mit denen man nicht viel Geld verdienen kann. (Sollte man daher nicht, wie es Friedrich Nietzsche [1844–1900] in seiner Schrift über „Die Genealogie der Moral" [1887] vorschlug, auf die Sittlichkeit verzichten, da sie dem Leben schade?)

„Sprechen wir sie aus, diese neue Forderung: wir haben eine Kritik der sittlichen Werte nötig, der Wert dieser Werte ist selbst erst einmal in Frage zu stellen – und dazu tut eine Kenntnis der Bedingungen und Umstände not, aus denen sie gewachsen, unter denen sie sich entwickelt und verschoben haben (Sittlichkeit als Folge, als Symptom, als Maske, als Tartüfferie, als Krankheit, als Missverständnis; aber auch Sittlichkeit als Ursache, als Heilmittel, als Stimulans, als Hemmung, als Gift), wie eine solche Kenntnis weder bis jetzt da war, noch auch nur begehrt worden ist."

(Im Grunde fordert Nietzsche, was Hammurabi vermeiden wollte: das Vorrecht der Macht. Das kalte Herz. Das Herz aus Stein – und nicht den Gesetzes-Stein als Herz!)

Das Rohe und das Gekochte
Wenn die Sittlichkeit nicht nützlich ist, fragt sich, warum man sich an sie hält. Man kann (vielleicht im Zirkelschluss) behaupten, dass die Geschichte des *Homo erectus* (also des heutigen Menschen) beginnt, wenn er Kleidung trägt und die Toten bestattet. Das wäre der Zeitpunkt. Nicht geklärt ist, *warum* der Mensch all dies tut. Vielleicht kann man vitale Gründe dafür anführen, warum es angenehmer ist, in Hütten oder Höhlen zu wohnen, als unter freiem Himmel zu kampieren; warum manchem Gebratenes und Gesottenes besser schmeckt als Rohes (obwohl wir auch heute rohen Tartar und Salat essen, vom Obst ganz zu schweigen). Aber *warum* man Tote *beerdigt*, warum man sich *kleidet* – warum man *plötzlich* einen Begriff der Würde entwickelt, der sowohl der Kleidung als auch den Bestattungsriten *logisch* vorausliegen muss, ist damit nicht geklärt. Die

Sittlichkeit *muss* also anders entstanden sein als aus dem Gedanken der Nützlichkeit.

> **(65) Die Idee der Nützlichkeit hat keine Sittlichkeit zum Ziel, sondern nur die Optimierung.**

Optimierungsprozesse allein führen nicht zu Sittlichkeit. So ist die Ertragssteigerung im Ackerbau durch Kunstdünger sicherlich zu begrüßen, weil die Menschen nicht mehr hungern müssen. Aber die Überdüngung der Böden, die Anreicherung der Lebensmittel mit Schadstoffen ist ein Problem. Schon wieder muss man zwischen unterschiedlichen Werten entscheiden! Ein *Teilleistungsfortschritt* allein ist nicht schon sittlich, sondern muss sittlich bewertet werden.

Wir können zusammenfassen: Sittlichkeit ist, angesichts des Naturwesens Mensch, etwas *Übernatürliches*. Sittlichkeit ist, angesichts des Gesellschaftswesens Mensch, etwas *Übergesellschaftliches*. Sittlichkeit ist, angesichts des sterblichen Menschen, etwas *Unsterbliches*. Sie gilt über den Tod hinaus, und nimmt sogar den Tod in Kauf, um sich zu bewahren.

Aber, um auf die Suche nach dem Ursprung zurückzukommen, wie ist dann die Sittlichkeit entstanden? Durch die Gesellschaft?

Wer hat angefangen?
Da fragt sich sofort: Wer hat denn in einer Gesellschaft mit der Sittlichkeit angefangen? Wer auch immer es gewesen sein mag: Er kann es nicht gewesen sein. Denn er musste ja schon sittlich sein, weil er die Sittlichkeit einführen wollte. Wie aber war er sittlich geworden?

Wurde er vielleicht einfach sozialisiert? Wie denn? Es gab ja noch keine Sittlichkeit, an die er heransozialisiert werden konnte. Sittlichkeit erwirbt man nicht durch Sozialisation, sondern nur, indem man die Sozialisation in Frage stellt. Sittlich ist nicht schon, was Sitte ist. Viele Sitten sind unsittlich: Kinderarbeit, Frauenbeschneidung, Blutrache ... Erst wenn man die sozialen Zustände und die herrschenden Sitten *bewertet*, kommt man zu einem sittlichen Urteil. Aber wenn das so ist, wie sind dann die Menschen auf die Sittlichkeit gekommen?

Der weise Hammurabi hatte da einen prima Vorschlag zur Klärung dieser Frage auf dem Stein notiert. Hatten Sie ihn vor einigen Seiten auch mitgelesen? Ich zitiere seinen Text noch einmal:

> „Als der erhabene Gott Anue, der König der Anunnaki, Enlil, der Herr des Himmels und der Erde, welcher die Geschicke des Landes bestimmt, Marduk, dem erstgeborenen Sohn des Ea, die Herrschaft über alle Menschen bestimmten, unter den Igigi ihn erhöhten, als sie Babylons erhabenen Namen aussprachen, es in den Weltgegenden zur Übermacht machten, worin ein ewiges Königtum, dessen Grundlagen wie Himmel und Erde fest gegründet sind, ihm übertrugen, damals gaben mir, Hammurabi ..."

Er, Hammurabi, sei gar nicht auf die Idee der Sittlichkeit gekommen, sondern *man* habe ihm diese Idee aufgetragen. Er war es – und er war es doch nicht. Um genauer zu sein: Der Herr des Himmels, der erhabene Gott, habe ihn beauftragt. Das aber soll doch bedeuten: Die Sittlichkeit ist nicht von Menschenhand. Sie ist dem Menschen aufgegeben, und zwar vom Beginn seiner Menschwerdung an.

Bevor Sie nun Einwände erheben, erlauben Sie mir einige wenige historische Hinweise. Ich beginne 1000 Jahre nach Hammurabi, als die Schriftgelehrten schon viele Völker kennengelernt und zahllose Bücher aus der inzwischen umfassenden Ethik-Bibliothek ausgeliehen hatten und Berichte lesen konnten, die für uns auf ewig verschollen sind. Um 700 v. Chr. schreibt der bereits des Öfteren erwähnte Hesiod:

> „Und die Gerechtigkeit stammt von Zeus und ist eine Jungfrau, heilig und hochgeehrt von den göttlichen Himmelsbewohnern. Wenn sie einer kränkt und sie durch Ränke misshandelt, setzt sie sich sogleich zur Seite des Vaters Kronion, um ihm die böse Gesinnung des Menschen zu klagen, damit das Volk dann die Frevel der Herrscher büßt, die voll betrüblicher Bosheit anderswohin das Recht durch falsche Sprüche verderben." (V. 256 ff.)

Gleiche Frage, gleiche Antwort: Woher kommt die Sittlichkeit? Von den Göttern! Nach 1000 Jahren Fortschritt in Erderkundung, Handel und Waffenhandwerk die gleiche alte Idee. Die Sittlichkeit stamme nicht von den Menschen. Und wenn man nach- und mitdenkt, so kommt man zu dem Ergebnis: So muss es gewesen sein. Die Idee der Sittlichkeit *kann* gar nicht von den Menschen stammen. Der Erfinder der Sittlichkeit müsste nämlich schon sittlich gewesen sein, um die Sittlichkeit zu erfinden. Er müsste Sein und Sollen getrennt haben. Aber warum *sollte* er das tun? Warum soll man fordern, dass es ein Sollen gibt, wenn man diese Idee des Sollens nicht schon verinnerlicht hat – also das Sollen vorausgesetzt?

Die Menschen konnten die Idee des Sollens nicht erfinden, weil sie die Unterscheidung schon gewollt haben müssen, um sie zu erfinden. Man muss sittlich sein, um sittlich sein zu wollen. Das ist das Paradox der Sittlichkeit. Man muss schon Scham haben, um sich zu kleiden. Aber wie soll man drauf kommen, wenn sich noch niemand schämt?

Man muss schon glauben, dass der Mensch Würde hat, um seine Würde auch nach dem Tod zu bewahren. Aber wie soll man drauf kommen, wenn doch die lästigen Leichen bisher nachts bequem von Hyänen entsorgt wurden?

Es gibt keine *Genese* oder *Genealogie* der Sittlichkeit. Sie ist nicht erfunden worden, sie hat sich nicht langsam entwickelt. Sie war einfach da. Und zwar gleich und vollständig. Warum, wissen wir nicht. Wir werden es auch nie wissen.

Man muss die Blickrichtung ändern

Man kann auch sagen: Der Mensch entsteht, wenn die Sittlichkeit da ist. Warum das so ist, entzieht sich menschlicher Erkenntnis. Das wusste Hammurabi ebenso wie Hesiod. Und sie haben ein Bild für dieses Wissen gefunden: das Göttliche.

Wie unmodern! Gar nicht konsensfähig! Keine Grundlage für die nachmetaphysische Gesellschaft! Sollte man da nicht besser sagen: Die Natur des Menschen sei es, sittlich zu handeln? Kann man. Der Erklärungswert wäre jedoch gleich jenem von Hesiod oder Hammurabi. Auch diese Erklärung ist nicht begründbar. Wer oder was ist die Natur? Ein Gott?

Es gibt keinen Grund der Sittlichkeit. Sittlichkeit ist nicht zweckmäßig. Das wusste man schon, als man sie erfand. Wir kommen an dieser Stelle mit unserer Suche nicht weiter.

> (66) Man kann Sittlichkeit nicht erfinden, weil man schon sittlich sein muss, um sie erfinden zu wollen.

Übrigens: Auch weitere 250 Jahre nach Hesiods Tod war man mit der Suche immer noch nicht weitergekommen. Der bereits erwähnte Dramatiker Sophokles lässt seine Antigone im gleichnamigen Schauspiel sagen: „Der Götter ungeschriebene und ewig gültige Gesetze bestehen nicht erst seit heute oder gestern." Die Gesetze lebten „schon seit je, und keiner weiß, wann sie zuerst erschienen".

State of the Art

Seit Hammurabis Zeiten sind im Hinblick auf die Frage nach der Entstehung von Sittlichkeit keine neuen Erkenntnisse vorgebracht worden, die Bestand vor der Vernunft gehabt hätten. Insofern ist zu folgern: Ein Mensch kann die Sittlichkeit nicht erfunden haben. Man würde seinen Namen kennen. (Moses? Nein, er war ja schon sittlich. Wo hat er es gelernt, sittlich zu sein?) Es ist nun zu vermuten, dass nach uns weitere 1500 Jahre vergehen werden, ohne dass man mit verschärfter Suche Erfolg hätte. Etwa im Jahr 3517. Es liegt an dem genannten Paradox: Sittlichkeit erfüllt keinen Zweck, sie ist Selbstzweck. Selbstzwecke können aber nicht kausal eingeführt werden, weil sie dann kein Selbstzweck mehr wären.

Sittlichkeit ist zu nichts gut als dazu, dass man sittlich ist. Unter dem Aspekt des Nutzens betrachtet, hat man wenig bis nichts von ihr. Sie ist eine Art ästhetischen Wohlgefallens im Hinblick auf die Würde des Menschen. Menschen waren sittlich, weil sie sittlich sein wollten. Warum sie sittlich sein wollten, lässt sich archäologisch nicht klären und rational nicht begründen. Da sind wir genauso klug wie Hammurabi. Wir mögen die einen Götternamen durch andere Götternamen ersetzen; wir mögen Abstand nehmen von den strafenden Göttern, von denen Hesiod ebenso spricht wie die Antigone des Sophokles. Wir mögen es Natur nennen. Aber all diesen Argumentationen ist gemeinsam, dass sie die Entstehung der Sittlichkeit nicht erklären. Und doch gilt sie. Wir setzen sie nämlich bei jeder Handlung voraus.

Mein Vorschlag wäre es nun, diese Voraussetzung nicht stillschweigend zu machen, sondern explizit. Wir bekennen uns zu dem, was wir voraussetzen. Was jeder voraussetzt, der handelt. Die Inhalte dieser Voraussetzung mögen unterschiedlich sein; allen Inhalten gemeinsam aber ist, dass sie eine unergründbare Voraussetzung machen. Umgangssprachlich sagt man: Man glaubt an etwas. So betrachtet, setzt alle Ethik einen Glauben an das Gute voraus. Welche Konfession wir für die richtige halten, welchen Glauben wir präferieren, den Glauben an die Götter, an den einen Gott, an die Natur, an den Fortschritt … das mag sich unterscheiden und kann hier nicht diskutiert werden. Aber dass wir alle diesen Glaubensakt voraussetzen, kann man aufzeigen. Davon im nächsten Kapitel.

Am Ende zum Anfang

Kommen wir am Ende dieses Kapitels zu der am Kapitelanfang gestellten Frage zurück: Wann ist die Sittlichkeit entstanden? Die klare Antwort: Sie ist mit dem Menschen entstanden, und daher war sie von Anfang (der Menschheitsgeschichte) an schon da. Warum es sie gibt, ist nicht zu beantworten.

Das ist nun eine sehr tröstliche Antwort. Es schien ja am Anfang des Buches so, dass wir vor lauter Wissen (und angesichts immer größer werdender Bibliotheken) gar nicht mehr handeln können. Meine doch sehr schlichte Frage, ob ich der kantigen Kassiererin die 30 Cent zurückgeben soll, die sie mir irrtümlich gegeben hatte, harrt ja angesichts der Abertausenden von Ethikbüchern immer noch einer Antwort. Wann kommt sie endlich? Sie kann ja *vernünftigerweise* erst dann kommen, wenn wir *definitiv* beantwortet haben, warum es die Sittlichkeit *zu Recht* gibt. Diese Frage können wir aber nicht beantworten.

Wenn zwar die Ethik eine Geschichte hat, nicht aber die Sittlichkeit, weil sie immer schon da war, dann sind wir etwas entlastet. Dann sind sittliche Entscheidungen nicht Ergebnis eines historischen Prozesses; dann ist die Sittlichkeit immer *da* gewesen.

Und in der Tat konnten die Menschen nicht tausende, ja Millionen von Jahren warten, bis in einer Doktorarbeit endgültig entschieden wurde, ob sie ihre Toten begraben, die Landschaft zerstören, Tiere töten und Menschen versklaven oder misshandeln dürften. Auch in der Urzeit stand jemand vor dem Problem, ob er sich melden soll, wenn er beim Tausch zu viel erhalten hat. Das ist doch ein Ewigkeitsproblem:

„§ 9 Gesetzt, ein Mann, dem irgendetwas von seinem Eigentum verloren gegangen ist, hat sein verlorenes Gut in der Hand eines anderen gefunden, der Mann aber, in dessen Hand das verlorene Gut gefunden wurde, hat gesagt: ‚Jemand hat es mir verkauft. Vor Zeugen habe ich es gekauft‘, und der Eigentümer des Verlorenen hat gesagt: ‚Zeugen, die mein verlorenes Gut kennen, will ich beibringen!', (gesetzt) der Käufer hat den Verkäufer, der es ihm verkauft hat, und die Zeugen, vor denen er es gekauft hat, herbeigebracht, und der Eigentümer des verlorenen Gutes hat die Zeugen, die sein verlorenes Gut kennen, herbeigebracht, so werden die Richter ihre Angelegenheit prüfen, die Zeugen, vor denen der Kauf vollzogen wurde, und die Zeugen, die das verlorene Gut kennen, werden ihre Kenntnis vor einem Gotte bekunden, und dann gilt der Verkäufer als Dieb; er wird getötet. Der Eigentümer des verlorenen Gutes wird sein verlorenes Gut an sich nehmen, der Käufer (aber) darf aus dem Hause des Verkäufers das Geld, das er bezahlt hat, nehmen."

So weit Hammurabis detailliertes Gesetzeswerk. Als hätte er mein Problem im Supermarkt vorhergesehen.

Warten auf den Bestseller
Die Menschen mussten sich immer sittlich entscheiden. Wenn sie nun erst das Ende der wissenschaftlichen Diskussion abgewartet hätten, dann hätten sie Jahrtausende lang nicht sittlich handeln können. Sie wären entschuldet gewesen: Sie hätten nach Lust und Laune misshandeln, quälen, einsperren, foltern und töten dürfen, immer mit dem Argument: „Ich kenne noch nicht die bahnbrechende Dissertation, die endlich *alle* ethischen Fragen *endgültig* beantwortet." Und auch wir dürften lustig drauflos bombardieren, mordbrennen und vergewaltigen, foltern, einsperren und quälen, weil zumindest für die nächste Buchmesse noch nicht die definitive Ethik angekündigt wurde, die Ethik, die endlich alle Antworten gibt. Und solange es keine endgültigen Antworten gibt, muss man sich nicht

an vorläufige Antworten halten. Man geht ja nicht aufs Eis, wenn man nicht sicher ist, dass es trägt. Wir wären mit guten Gründen berechtigt, Unrecht zu tun.

Das ungeschriebene Gesetz

Wir sind berechtigt, Unrecht zu tun? Ja, wir *wären* frei, Unrecht zu tun, wenn Sittlichkeit der geschichtlichen Entwicklung unterläge. Denn dann könnte es immer eine bessere Ethik geben – und dann sollte man warten, bis die beste, die endgültige Ethik auf dem Buchmarkt greifbar ist.

Wir sind berechtigt, Unrecht zu tun? Nein, denn Sittlichkeit unterliegt keiner geschichtlichen Entwicklung. Antigone hatte es bereits formuliert: Sie hatte gesagt, dass es „ewig gültige Gesetze" gebe – und diese waren ihr schon damals „bekannt". Sie gelten auch für jene, die des Lesens nicht kundig sind: Sie sind nämlich (wie sie sagt) „ungeschrieben". Sie sind nicht auf Überlieferung und damit Gelehrsamkeit angewiesen. Sie stehen nicht in den Büchern. Sie sind in *jedem* Menschen, von Beginn seiner Menschwerdung an vorhanden.

> (67) Sittlichkeit ist jedem Menschen von Beginn seiner Menschwerdung an mitgegeben – als Auftrag und als vollzogene Praxis.

Wenn das nicht so wäre, dann gäbe es keine Sittlichkeit. Entweder gelten die Sittengesetze für alle, dann aber auch für alle Zeiten, für jene Zeit also, die Antigone „ewig" nennt. Oder sie gelten gar nicht. *Eine Ethik, die nur zeitweise oder regional gelten will, verdient den Namen nicht.* Man kann sie aus der Bibliothek aussondern. Der kultivierte Zivilisationsskeptiker und schriftstellernde Bücherfeind Jean-Jacques Rousseau hat das so gut ausgedrückt, dass man es nicht besser sagen kann: „Wir dürfen Mensch sein, ohne gelehrt zu sein."

Vorfahren und Nachfahren
Sittlichkeit braucht keine Bibliothek. Wir haben sie in uns, weiß Gott warum. Jeder besitzt sie.

(68) Sittlichkeit ist etwas Ungeschichtliches, etwas (menschheitsgeschichtlich) Ewiges.

Um diese Behauptung begründen zu können, muss man etwas bestimmen, was alle Zeiten überdauert hat. Wenn man das nicht kann oder will, oder wenn man davon überzeugt ist, dass es nichts Übergeschichtliches gibt, hat das fatale Konsequenzen für unser Selbstverständnis. Wir könnten uns gar nicht als geschichtliche Wesen begreifen. *Wenn wir in nichts unseren Vorfahren gleichen, sind es nicht unsere Vorfahren.* Dann gibt es die Kategorie *des* Menschen nicht. Dann hätte Aristoteles mit seiner Unterscheidung in Bürger und Sklaven Recht. Dann können wir auch keine Geschichte schreiben. Dann aber gibt es auch keine menschliche Zukunft, für die wir verantwortlich wären – weil es nach uns keine Menschen geben wird, die uns gleichen.

Wir könnten dann selbstverständlich auch keine Geschichte der Ethik schreiben oder jedenfalls nur eine sehr dünne. Ein paar Jährchen würde sie umfassen, die Zeit unserer biologischen Konsistenz.

Wir begreifen uns aber als Nachfahren all unserer Vorfahren. Wir ehren unsere Eltern. Wir müssen ihnen also in etwas völlig gleichen. Wir begreifen uns zudem als Vorfahren unserer Nachfahren. Wir sorgen uns um unsere Kinder und Enkel. Wir müssen ihnen also in etwas völlig gleichen. Und so ist es. Wir sind seit je Menschen. Denn wir sind frei. Die Freiheit verbindet alle Menschen, die lebenden, die toten und die zukünftigen.

(69) Sobald der Mensch Mensch ist, ist er es ganz.

Wenn dieser Lehrsatz gilt, dann *müssen* die *Prinzipien* der Ethik *von Beginn der Menschheitsgeschichte an gelten*. Nicht die Prinzipien können sich also verändern, sondern nur das Material, auf das die Prinzipien angewandt werden. Von Anfang an ging es darum, die Würde des Menschen zu achten und aus den Alternativen die beste auszuwählen: „Der andere Weg ist der bessere, nämlich der, der zur Gerechtigkeit führt." So hat es Hesiod gesehen. Dem war und ist wenig noch hinzuzufügen.

8. Wie passen Ethik und Religion zusammen?

Können Sie sich noch an meine Überlegungen zur Freiheit erinnern? Ich hatte geschrieben, dass der Mensch frei sei, ich aber keine Antwort auf die Frage hätte, *warum* der Mensch frei sei. Ich wisse lediglich, dass alles menschliche Denken und Planen ausschließlich dann einen Sinn habe, wenn wir die Freiheit des Menschen voraussetzten. Wenn wir so leben, *als ob* wir frei wären.

Ein Allgemeinplatz
Nun bin leider nicht ich auf diesen Gedanken gekommen. Er ist vielmehr Allgemeingut der Menschheit, wenngleich er auch immer wieder bestritten wird. Die Frage, was den Menschen zum Menschen macht, hat die Menschen von dem Augenblick an beschäftigt, in dem sie bemerkten, dass sie etwas konnten, was die klügsten und geschicktesten Tiere nicht konnten: sich frei zu entscheiden. Man konnte Wasser verschwenden, aber auch aufsparen. Man konnte Blumen bewässern, aber auch Getreidefelder. Menschen hatten etwas, was die anderen Lebewesen nicht hatten, obwohl die anderen Lebewesen beeindruckende Kunststücke vollbrachten. Sie konnten lange Strecken fliegen, ewig unter Wasser bleiben, völlig gleichförmige Wachswaben bauen und kilometerlange Erdhöhlen buddeln. Menschen konnten das nicht; sie mussten es lernen. *Alles* mussten die Menschen lernen, aber sie begriffen sehr schnell, dass sie das *Wichtigste* nur deshalb lernen konnten, weil sie in der Entscheidung frei waren, was sie lernen *woll-*

ten und was nicht. Es musste also eine Wissensform darüber geben, die entscheidet, was von dem, was ein Mensch lernen konnte, er auch lernen *sollte*. Das war die Pädagogik, die in jenem Augenblick entstand, in dem man die Freiheit entdeckte.

Aber davon wollte ich gar nicht sprechen. Ich wollte von jenem sprechen, das die Menschen frei macht. Warum ist der Mensch frei? Wenn man in die ältesten überlieferten Texte sieht (wobei wir nicht vergessen dürfen, dass es vieles gibt, was nicht überliefert wurde), dann sieht man immer wieder, dass sich die Verfasser um eine rationale Erklärung dieser Freiheit herumdrücken. Sie erzählen lieber Geschichten. Sie schreiben etwa von Adam und Eva, für die bis zu jenem Moment gesorgt gewesen sei, in dem sie die verbotene Frucht vom Baum der Erkenntnis genascht hatten. Von jetzt auf gleich war nichts mehr sicher. Sie waren zur Freiheit verdammt (wie man das mal pathetisch so genannt hat). Plötzlich merkten sie, dass sie sich kleiden konnten, also darüber entscheiden *mussten*, ob und wie sie sich kleiden *sollten*. Sie waren frei und sogleich in einer erschreckenden Verantwortung: „Was sollen wir denn jetzt tun?"

Eine schmerzhafte Forschungslücke

Nun waren die Menschen früher nicht dümmer als wir heute. Und intelligente Menschen kämen nie auf die Idee, das, was man vernünftig erklären kann, durch einen Mythos zu verschleiern. Man wird sich auch damals, kurz nach Adam und Eva, die Frage gestellt haben, warum ausgerechnet der Mensch frei ist, nicht aber die heimtückische Schlange oder das geduldig wartende Opfervieh. Und man wird recht klar erkannt haben, dass es keine vernünftige Antwort auf diese Frage gibt. Dass es keine Antwort geben *kann*, weil man die Frage als *Frage* nur stellen kann, wenn man bereits frei *ist*, ohne sich dazu hätte entscheiden können. (Man stellt Fragen, wenn man die Antworten noch nicht kennt. Man ist nicht zur Antwort determiniert.) Man kann nur eine Antwort suchen, wenn man frei *ist*. Wenn man unfrei ist, wartet man einfach ab. Wenn man unfrei ist, muss man weder Fragen stellen noch Antworten suchen. Wenn man unfrei ist, ist die Frage, warum man frei ist, sinnlos.

Es muss – kausal gedacht – *etwas* geben, das entscheiden konnte, ob der Mensch unfrei wie das Tier oder eben frei wie …, ja, wie wer? … werden sollte. Der Mensch kann nicht sein eigenes Vorbild sein. Ein Mensch konnte nicht entscheiden, ob die künftigen Menschen frei sein sollen. Er kann dies nicht entscheiden, wenn er selbst unfrei ist. Wenn er aber frei ist, braucht er es nicht mehr zu entscheiden.

Gerne greift man heute auf die Evolutionstheorie zurück und erklärt mit ihr, dass nur jene Wesen überleben würden, die sich am besten an sich verändernde Umweltbedingungen anpassen könnten. Und das wären eben freie Wesen.

Allerdings wäre dann die Freiheit nur ein Mittel zum Zweck und höchst unfrei: Denn sie diente dazu, dass die Menschen sich anpassen *müssten*. Freiheit wäre eine Technik der Anpassung. So richtig logisch ist das nicht, wenn man sagt: Du darfst alles machen, was du musst. Freiheit kann nicht Freiheit zur Anpassung bedeuten. Warum also ist der Mensch dann frei? Um das zu tun, was die unfreie Kakerlake auch tun muss: sich anzupassen?

Der Mensch kann nur frei geworden sein, weil irgendetwas *vor ihm* frei war und ihn frei gemacht hat. Etwas, das *ihn* gemacht hat. Das Ganze ist hochspekulativ, aber ohne Spekulation bekommt man hier keine Antwort. Das merkten die klugen Menschen damals sehr schnell. Obwohl man weiß, dass es keine Antwort geben wird, muss man eine Antwort finden. Aber eine Antwort, die beschreibt, warum es Freiheit gibt, die sich nicht selbst erschaffen kann. Gibt es solche Antworten?

Von Mutterboden und Geist
Solche Antworten gibt es. Wir kennen sie zumindest seit der Zeit, aus der das Denken schriftlich überliefert ist. In diesen uralten Schriften findet man erstaunliche Geschichten. Unter diesen vielen erstaunlichen uralten Geschichten gibt es eine besonders schöne erstaunliche Geschichte: Sie handelt davon, dass es ein Wesen gibt, das alles kann und alles hat. (Kein Mensch also, denn der hat weder alles, noch kann er alles.) Dieses nichtmenschliche Wesen modelliert nun ein anderes Wesen aus irdenem Material, und zwar nach seinem Bilde. Es formt ein Wesen, das zwar aus den Stoffen der Natur besteht, aber etwas besitzt, was nicht natürlich ist, sondern sich zur Natur verhalten und sie sogar zerstören kann. Ein Wesen also, das frei ist. Welch eine Geschichte!

Ob wir in die alten Bücher der Juden, der Perser, der Griechen, Römer oder Nordmänner schauen … immer finden wir Variationen dieser einen schönen Geschichte. Man hat sie sich offenbar gerne wechselseitig erzählt. Kulturübergreifend. Sie musste etwas haben, was die Menschen überzeugte – so wie auch die meisten guten Märchen in allen Kulturen erzählt werden (das hatten die Gebrüder Grimm schon herausgefunden):

In der persischen Mythologie heißt es über Gayomart, den androgynen kosmischen Urmenschen:

„Und das Merkmal des Gayomart ist, dass die Menschen nach diesem Vorbilde von seinem Samen geboren wurden."

In der Genesis (zwischen 1000 und 400 v. Chr.) lesen wir:

„Und Gott sprach: Lasst uns Menschen machen in unserm Bild, uns ähnlich! Und Gott schuf den Menschen nach seinem Bild, nach dem Bild Gottes schuf er ihn; als Mann und Frau schuf er sie."

Der römische Lebens- und Liebeskünstler Ovid (43–17 v. Chr.) berichtet in seinen Metamorphosen (V. 76 ff.):

„Bis jetzt fehlte aber ein Lebewesen, das heiliger als die Tiere war und empfänglicher für einen besonderen Geist; ein Lebewesen, das die anderen Lebewesen beherrschen könnte: So wurde der Mensch geboren, sei es so gewesen, dass der Schöpfer aller Dinge, der Urheber einer besseren Welt, diesen Menschen aus göttlichem Samen erschuf; oder sei es so gewesen, dass die junge Erde, die erst kurz zuvor vom Äther getrennt worden war, den Samen des verwandten Himmels zurückbehielt. Der Sohn des Iapetus (*Prometheus* mit Namen) mischte diese Erde mit Regenwasser, machte den Menschen nach dem Bilde der alles lenkenden Götter. Und während alle anderen Lebewesen nach vorne geneigt die Erde betrachten, gab er dem Menschen ein nach oben gerichtetes Gesicht und trug ihm auf, den Himmel zu sehen und das aufrechte Antlitz zu den Sternen emporzuheben. Also bevölkerte sich die völlig veränderte Erde, formlos eben und wüst bis dahin, mit den neuen Gebilden der Menschen."

Im christlichen Kolosserbrief (um 70 n. Chr.) heißt es:

> „… und seid zu einem neuen Menschen geworden, der nach
> dem Bild seines Schöpfers erneuert wird, um ihn zu erken-
> nen."

In den nordeuropäischen Liedern der Edda (13. Jh.) wird
Folgendes buchstabiert:

> „Schließlich kamen drei aus dieser Schar, mächtige und wohl-
> gesinnte Asen zum Haus, sie fanden am Strand, kaum Kraft
> habend, Ask und Embla, schicksalslos. Seele besaßen sie nicht,
> Vernunft hatten sie nicht, weder Blut noch Bewegung noch
> gute Farbe; *Seele* gab Odin, *Vernunft* gab Hönir, *Blut* gab
> Lodurr und gute Farbe."

Die Erkenntnis von Geschichten

Sind das nicht wunderschöne Geschichten für etwas, was
man sich nicht erklären konnte und was auch wir vermutlich nie werden erklären können? Auf die ganz zentrale
Frage nach dem Grund von Freiheit wird in den vielen
Kulturen mit einer Geschichte gekontert, die man nur
glauben kann. Die Kulturen antworten auf das Problem
aller Probleme also *nicht* mit einem Beweis.

Wenn wir nun annehmen, dass dies die Weisen damals
nicht aus Dummheit, sondern aus Klugheit machten, dann
kommen wir im Denken weiter. Die alten Weisen schie-
nen anzunehmen, dass es keine rationale Erklärung für das
Vorhandensein von Freiheit geben kann. Man kann die
Entstehung nur glauben.

Ist das nicht auch heute noch der Weisheit letzter Schluss?
Ob wir nämlich formulieren, dass der Mensch von Natur

aus frei sei oder weil er von Gott diese Freiheit bekommen hat … immer können wir es nur glauben oder eben nicht. Beweisen kann man es nicht.

Das aber heißt, dass eine der nun wirklich *zentralen* Voraussetzungen der Ethik durch einen Glaubensakt gegründet ist. Wir können vielleicht aufzeigen, dass der Mensch frei ist. (Weil die Hirnforschung den Beweis der Unfreiheit liefern *will*, liefert sie unfreiwillig den Gegenbeweis: Wir *müssen* keine Hirnforschung betreiben, aber wir können es. Wir sind frei zu entscheiden!) Aber wir können nicht erklären, *warum* der Mensch frei ist. Wir können glauben, dass es einen Grund gibt – weil nichts ohne Grund geschieht. Aber, oje, ein Grund würde zugleich die Freiheit einschränken, weil man dann nicht frei wäre, unfrei zu sein … – es bleibt vertrackt!

Welcher Glaube, welche Konfession die beste ist, diesen Glauben an die Freiheit auszudrücken und zu gestalten, diese Fragen können hier nicht diskutiert werden. Sie zu durchdenken wäre ein eigenes Thema eines anderen Buches für die große Bibliothek neben der kleinen Ethikbibliothek. Aber dass wir immer schon daran glauben, dass wir diese Freiheit (verliehen bekommen) haben, ist auch nicht zu bezweifeln, weil nämlich der Zweifel schon wieder Ausdruck eines Glaubens wäre, nämlich des Glaubens daran, dass unsere freie Vernunft alles, was behauptet wird, bezweifeln kann.

Ist also Ethik ohne Glauben nicht möglich? Kann man sittlich sein, ohne gläubig zu sein? Um hier eine Antwort zu finden, muss man sehr, sehr genau auf die (aus Freiheit) gewählten Worte achten. Was heißt „gläubig“? Lassen Sie unser Eingangsbeispiel aus dem Supermarkt als Ausgangspunkt nehmen: Angenommen, eine Person namens B.

sagt, sie würde der erregten Kassiererin das überzählige Geld zurückgeben. Darauf antwortet A:

Ein sittliches Sprachspiel

A: Warum tun Sie das?

B: Weil ich sittlich handeln will.

A: Warum wollen Sie sittlich handeln?

B: Weil ich mich dann besser fühle.

A: Das gelingt auch mit drei Gläschen Prosecco oder einem Pfeifchen, gefüllt mit Wunderkräutern. Wohlbefinden kann doch nicht Grund oder Maßstab für sittliches Handeln sein. Der Biograph Sueton berichtet, wie der römische Kaiser Domitian sich richtig wohl dabei fühlte, wenn er Fliegen aufspießte und ihnen die Beine ausriss. War der Kaiser also sittlich?

B: Dumme Frage! Ich tue es, weil ich als ehrlich gelten will!

A: Warum wollen Sie das? Berühmter wird man als Unhold. Siehe Nero.

B: Weil man mich verklagen könnte!

A: Warum wollen Sie sich an die Gesetze halten?

B: Weil ich die Strafe fürchte. Ach nein, weil ich Gesetze für richtig erachte. Weil die Gesellschaft sonst zusammenbricht!

A: Ja, aber warum soll die Gesellschaft sein?

B: Weil wir ohne Gesellschaft nicht leben können.

A: Ja, wie unter Nero! Da ging es sehr blutig und doch ziemlich ungerecht zu. Man kann sehr wohl unsittlich in einem Unrechtsstaat leben. Der funktioniert prima. Wollen Sie jeder Gesellschaft dienen, nur weil sie da ist? Das war das Motiv des Verwaltungsangestellten Eichmann.

B: Nein, aber weil man auch sittlich behandelt werden möchte.

A: Und wenn man das nicht will?

B: Aber man kann es!

A: Ja, aber wir *können* auch unsittlich handeln. Folgt daraus, dass wir auch unsittlich sein *sollen*? Wir wollen ja durch sittliche Urteile dasjenige bestimmen, was wir aus unserem Können auswählen, um es zu tun. Warum sollen wir richtig leben?

Was B. nun auch antwortet, A. könnte immer fragen: „Warum ist es sittlich, sittlich zu handeln?" Schon die Sprachform deutet an, dass wir hier einen Regress ins Unendliche vorliegen haben: x gilt, weil x gilt. Man ist sittlich, weil es sittlich ist, sittlich zu sein. Eine solche Formulierung erklärt nichts. Die Frage bleibt.

Publikumsjoker

Warum ist Sittlichkeit gut? Ist die Sittlichkeit aus Instinkten erwachsen? Ja, aber warum gab es das Umschlagen der einen Qualität in die andere? Zufall? O. k., daran kann man glauben. So weit waren wir schon.

Der Übergang vom Tier zum Menschen kann nicht als Kontinuum gedacht werden, weil man Sittlichkeit nicht quantifizieren kann. Ein bisschen Todesstrafe gibt es nicht. Freiheit ist nicht quantifizierbar: Entweder man kann frei entscheiden oder nicht. Kann man es *nicht*, hat man keine Sittlichkeit (sondern nützliche Instinkte oder angepasste Verhaltensmuster). Kann man sich *frei* entscheiden, gilt der Instinkt nicht mehr. Alle Versuche der menschlichen Verhaltensforschung, hier Klarheit zu schaffen, scheitern an diesem Problem. So formulierte Irenäus Eibl-Eibesfeldt (*1928) vorsichtig, dass wir neben der autonomen Vernunftmoral auch eine Instinktmoral annehmen müssen. Bräuchten wir aber dann nicht eben jene Supermoral, die entscheidet, wann wir der Vernunftmoral und wann wir der Instinktmoral folgen sollen? Unser Problem hat der Verhaltensforscher nur verschoben.

> **(70)** Wir können nicht wissen, ob Sittlichkeit dem Menschen guttut. Wir können nur voraussetzen, dass die Sittlichkeit gut ist.

Es ist wie bei der Sprache: Man kann sie nicht einführen, ohne sie schon vorauszusetzen und bei der Begründung der Einführung zu benutzen. Aber warum soll man sprechen?

Kein Mensch kann sagen, warum wir Menschen frei sind und damit sittlich sein können. Aber dass es ohne diese Voraussetzung keinen Grund gäbe, sittlich zu urteilen und zu handeln, das kann man schon sagen. Sittlichkeit setzt die Annahme eines Guten voraus. Eines Vollkommenen also. Eine Welt, die nicht voraussetzt, dass Sittlichkeit gut ist, wird nicht sittlich sein wollen. Sie wird die Würde des Menschen nicht achten.

Wozu? Und: Wozu wozu?
Wir kommen an kein Ende bei der Frage: „Wozu soll man sittlich handeln?" Der Grund dieser Endlosigkeit liegt darin, dass diese Frage das voraussetzt, was sie erfragt: Wozu *soll* man sittlich sein? Sie fragte (und jetzt in der Philosophensprache) nach dem Sollen des Sollens. Wozu soll man etwas sollen. Wozu ist es sittlich, sittlich zu sein?

> **(71)** Die alles entscheidende Frage: Wozu soll man sittlich sein?

Das ist beileibe kein kunstgewerbliches Wortgeklimpere oder müßiges Gedanken-Mobile. Das ist blutiger und trauriger Ernst. Wozu soll man sittlich sein, wenn man sich durch eine sittliche Handlung in Lebensgefahr bringen kann? Die Antwort hat bei vielen schrecklichen U-Bahn-Schlägereien zum Tod geführt. Sie kennen die Geschichte aus dem Jahre 2009:

> „Es war nach Auffassung der Ermittler Mord aus niedrigen Beweggründen, sagte Staatsanwalt Laurent Lafleur. Demnach hätten die 17 und 18 Jahre alten Tatverdächtigen einem Geschäftsmann tödliche Schläge und Tritte verpasst, weil er vier Jugendliche im Alter von 13 bis 15 Jahren vor einem Erpressungsversuch beschützen wollte. Das Tatopfer habe sich besonnen und vorbildlich verhalten und sei aus Rache dafür getötet worden" (nach: Der Westen/Funke Medien am 13. 9. 2009).

Warum war es sittlich, sittlich zu sein?
Die Ethik kennt dieses Problem. Es ist das Problem der *Letztbegründung*. Dabei geht es nicht um die Gründe dafür, *was* sittlich geboten wäre. Sondern es geht erstens darum, warum man überhaupt die Frage nach der Sittlichkeit stellen solle. Und es geht zweitens darum, warum man sich an das halten soll, was man eingesehen hat.

Die Philosophiegeschichte unterscheidet nun innerweltliche und religiöse Antworten auf diese Frage:

Innerweltlich sind jene Antworten, die empfehlen: Man solle sich aus Anstand, aus Humanität, aus Gründen kollektiven Überlebens, aus Sozialverpflichtung oder um sich dem Fortschritt unterzuordnen an das halten, was man als sittlich richtig und gut eingesehen hat. Man ist sittlich, weil es vernünftig ist, sich an die Einsicht der Vernunft zu halten. Oben, in unserem *Sprachspiel*, finden Sie einige der gängigsten Antworten.

Religiöse Antworten sind jene, die an dieser Stelle auf die in allen alten Konfessionen geäußerte Pflicht verweisen, sittlich zu handeln. So ist in dem grundlegenden mittelpersischen Text über die Weltentstehung (genannt Bundahischn oder Bundehesh, übersetzt etwa: *Urschöpfung* oder *Grundlegung*) zu lesen, wie die oberste Gottheit Ohrmazd spricht:

> „Menschen seid ihr, die Eltern der irdischen Wesen seid ihr, und ich habe euch Vollkommenheit des Sinns als das Vortrefflichste gegeben. Tut Werke des Gesetzes und (bewahrt die) Vollkommenheit des Sinns, denket das gut Gedachte, saget das gut Gesagte, tuet das gut Getane, aber die Dämonen ehret nicht.“

Ah! Nicht die *Einsicht* in das richtige und gute Handeln ist religiös bestimmt! Wir lesen in diesem alten Text nichts über die Rückgabe von Wechselgeld in Supermärkten. Die sachliche Entscheidung ist rein innerweltlich: Man darf Menschen nicht übervorteilen. Das kann man im Einzelfall gut begründen. Aber *warum* wir uns an die Entscheidung halten sollen, das versuchen die Konfessionen durch den Verweis auf etwas Transzendentes zu begründen.

Wir müssen also eine Antwort finden, die man nicht wieder in ihrer Gültigkeit bezweifeln kann. Das wusste man allerdings schon vor tausenden von Jahren, und so hat man es in all den alten Texten vor tausenden von Jahren gemeint: ‚Halte dich an das, was du als sittlich eingesehen hast, weil du dann ein gutes, ein gottgefälliges Leben führst!‘ Im Neuen Testament heißt es nach Matthäus (5,17): „Ihr sollt nicht wähnen, dass ich gekommen bin, das Gesetz oder die Propheten aufzulösen; ich bin nicht gekommen, aufzulösen, sondern zu erfüllen!"

Nicht was*, sondern* dass!
Allgemein formuliert: Die Konfessionen mögen sittliche Regeln aufgestellt haben oder nicht. Darüber und über den Inhalt der Regeln kann und muss man vernünftig reden. Schon allein, weil man alte Texte auslegt, kommt menschliche Vernunft ins Spiel (ich verweise auf Kapitel 5 über die Auslegung der Gesetze; die Probleme hat man auch, wenn man religiöse Gesetzestexte auslegt). Aber diese Regeln machen nicht die Bedeutung der konfessionellen Texte aus. Zudem ist leicht zu sehen, dass fast alle Bekenntnisse fast die gleichen Regeln aufstellen. Es sind Klugheitsregeln. Erfahrungen. Sehr innerweltlich – nicht lügen, nicht stehlen, nicht quälen, nicht töten. Was die besondere Bedeutung der konfessionellen Texte ausmacht, ist, *dass* sie den Menschen zur Moralität auffordern. Sie sagen weniger, *was* man tun soll, als *dass* man das tun soll, was man eingesehen hat.

(72) Die Unverzichtbarkeit von Religion liegt darin, dass sie eine letzte Antwort auf die Frage danach gibt, *warum* wir sittlich handeln sollen.

Ein starkes Motiv
Man kann dieses religiöse Motiv allerdings nicht begründen. Das ist seine selbst eingestandene Schwäche. Und die ist nun wirklich charmant. Man wird nicht gezwungen zu glauben. Man tut es aus Überzeugung. Ein Glaube, den man beweisen kann, lebt von Gnaden des Beweises, also

von den Menschen. Dann ist er allerdings kein Glaube mehr, sondern Ideologie. Das genaue Gegenteil vom Glauben.

Man kann nun sagen, dass Menschen, die an ihren Gott glauben, ein starkes Motiv haben, sittlich zu handeln. Sie mögen sich in dem irren, *was* sie als sittlich ansehen; diese Fehlermöglichkeit teilen sie mit allen Menschen. Aber sie haben ein letztes, nicht in Frage zu stellendes Motiv, sich an das zu halten, was sie als richtig eingesehen haben. Und das mag ihnen eine besondere Haltung geben.

Müssen wir aus Vernunftgründen „glauben"?

Wenn man nicht glaubt, dass es gottgefällig ist, sittlich zu handeln …, dann braucht man eine andere Gewissheit. So oder so. Man kann nicht sittlich handeln und nicht wissen, warum man es tut. Das würde unseren Verstand doch nun arg unterbieten. Wir können nicht den Mut haben, uns in allen Fragen unseres eigenen Verstandes zu bedienen, und wenn es an die Frage geht, *warum* wir das tun sollen, auf eine Antwort verzichten … und trotzdem handeln. Das wäre höchst irrational.

Vom letzten Grunde

Wir haben aber gesehen: Die Motivation zum sittlichen Handeln kann rational nicht begründet werden; denn jede rationale Begründung ließe wieder eine Rückfrage zu. Wir brauchen aber einen *letzten* Grund, wenn wir denn den Anspruch haben, rational zu handeln. Wir können doch unsere Menschenrechte nicht verteidigen, wenn wir nicht erklären können, warum wir sie verteidigen können. Da jeder rationale Grund wieder auf seine rationale Begründung hin befragt werden kann, brauchen wir irgendwann einmal einen Grund, der nicht wieder in Frage gestellt werden kann.

Dieser letzte Grund *kann* nur gesetzt und angenommen werden. Man nennt das „Glaube".

Dieser Glaube ist die eingestandene Schwäche der Sittlichkeit. Sie fußt letztendlich auf der Annahme, dass alles gut werden soll. Diese Schwäche ist aber auch ihre Garantieerklärung: „Es gibt die Freiheit." Denn nur wenn wir frei sind, können wir überhaupt sittlich handeln. Die allerletzte Antwort auf die Frage, warum wir sittlich handeln sollen, kann also kein absoluter Beweis sein, ein Zwang. Es darf bei Nichtbefolgung keine Sanktionen geben, keine Strafen. Keine Guillotine. Kein Auschwitz und keinen Gulag. Keine Atombombe und kein Folterlager unter karibischer Sonne. Es kann nur eine leichte Erinnerung sein: Handle so, dass es deinem Gott gefällig ist. Er wird dich weder zwingen, noch wird er dich bestrafen. Du kannst frei entscheiden. Aber seine Erwartung ist es, dass du dich an das hältst, was du als richtig eingesehen hast. Das wäre für ihn das Paradies.

Die frohen Botschaften

Das ist, soweit man weiß, die Botschaft aller Konfessionen. Manche Konfessionen versuchen zudem, inhaltliche Antworten zu geben. Es wäre nun ein eigenes Thema, dies zu diskutieren. Nur einen Gedanken erlauben Sie mir: Eine inhaltlich argumentierende konfessionelle Ethik wäre eine Ethik *neben* den anderen. Und damit machte sie sich klein. Sie relativierte sich selbst. Denn es kann nur *ein* sittliches Gebot geben. Das richtige nämlich. Es ist für alle Menschen gleich. Nur deshalb brauchen wir es.

Es mögen verschiedene Normen möglich sein, verschiedene Lösungen für eine sittliche Herausforderung: Aber immer soll die Antwort *richtig* sein. Die Antwort muss voraussetzungslos sein (d. h. für alle Menschen gelten können). Ob man der Kassiererin das Geld zurückgibt oder nicht, kann ein Hindu nicht anders beantworten als ein Christ: Für alle gelten die gleichen Grundsätze, die wir in Kapitel 2 und 3 aufgestellt haben. Für alle Menschen, gleich welcher Konfession, gilt der gleiche Grundsatz, dass unser Handeln die Freiheit des Menschen, seine Würde achten muss.

Regionale Ethiken würden den Grund der Ethik zerstören. Mit ihnen gäbe es Menschen und Nichtmenschen, jene, für die die Ethik gilt, und andere, für die sie nicht gilt. Aber genau das widerspricht dem Grundgedanken der Ethik, den Menschen und seine Freiheit zu achten. *Wie* die Menschen mit ihren Freiheiten umgehen, das hängt von den Herausforderungen ab: Aber immer muss sich die Lösung daran messen, ob sie das Menschliche am Menschen achtet. Von daher ist Vorsicht geboten, wenn jemand von christlicher oder muslimischer, europäischer oder asiatischer Ethik spricht. Damit ist der Grundstein für das nächste Gefängnis schon gelegt, und die Baracken des nächsten Folterlagers sind schon in Planung. Deskriptiv und historisch kann man von Gruppenmoral reden; aber nicht in einem normativen Sinne.

> **(73)** Entweder gelten ethische Prinzipien für alle, oder es sind keine ethischen Prinzipien.

Dieser Grundsatz gilt auch für nationale, kulturelle, politische, weltanschauliche oder genderbezogene Ethiken.

Die Einheit der Vielfalt

Aber wenn wir nicht an das Gleiche glaubten, könne es keine gemeinsame Sittlichkeit geben! Wäre das nicht ein Einwand?

Er wäre es, wenn ein Glaube uns sagte, was wir tun sollen. Es mag sein, dass Schwester Antigone nicht nur den Umstand der Sittlichkeit als von einem Gott gegeben voraussetzt, sondern auch die Inhalte. Aber das ist nur ein Sonderfall. Selbst wenn die Götter den Menschen keine inhaltliche Moral verkündet hätten, hätte Antigone sich auf sie berufen müssen. Nämlich als Voraussetzung, dass es Sittlichkeit gibt und dass es gut ist, sich an die Sittlichkeit zu halten …, wie auch immer ihr Inhalt bestimmt wird. Auch wenn die Ethik rational gestaltet werden kann, brauchen wir die Metaphysik, die begründet, warum es Ethik geben soll und wir uns an das halten sollen, was wir vernünftig eingesehen haben.

Die Vielfalt der Konfessionen stört weder die religiöse Einbindung noch die nachmetaphysische Gestaltung von Ethik im gesellschaftlichen Rahmen moderner Staaten. Der Staat sollte nicht bestimmen, warum wir sittlich handeln. Er sollte froh und dankbar sein, wenn wir sittlich handeln.

Was sittlich ist, muss man vernünftig klären. Aber *dass* wir uns an das Aufgeklärte halten, dass wir glauben, dass es gut ist, sittlich zu sein, kann und darf der Staat nicht bewirken. Deshalb muss er etwas einrichten, was weder nur Macht noch schon Sittlichkeit ist: Das sind seine Gesetze. Davon haben wir im Kapitel 5 gesprochen. *Zugleich* muss er darauf achten, dass seine Bürger willens sind, Gesetze zu erlassen und zu bestätigen. Dazu müssen die Bürger sittlich sein. Sie müssen sittlich sein *kön-*

nen – dazu brauchen sie Bildung. Und sie müssen sittlich sein *wollen* ..., dazu brauchen die Bürger eine Überzeugung, die niemand herstellen kann: den Glauben an das Gute. Und das nannte und nennt man im Alltag Religion.

> **(74)** Gerade der säkulare Staat braucht die Religion, weil er selbst zur Sittlichkeit nicht motivieren kann.

Was dem Staate frommt
Ja, man muss noch weiter gehen: Der säkulare Staat *darf* nicht zur Sittlichkeit motivieren. Täte er es, würde er ein totaler Staat mit Einheitsideologie und Gesinnungspolizei. Er würde fundamentalistisch. Religion und damit Religionsfreiheit sind die Voraussetzungen für einen funktionierenden demokratischen Staat.

Gerade eine plurale, multikulturelle und multireligiöse Gesellschaft kommt – vernünftig betrachtet – ohne metaphysische Voraussetzungen nicht aus. Der Argumentationsgang lautet: Die Gesetze werden durch Sittlichkeit bestimmt. Die Sittlichkeit findet ihre Normen durch vernunftgemäßes Denken. Aber die Sittlichkeit kann nicht begründen, warum man sich an sie halten soll. Die Vernunft kann nicht begründen, warum sie gelten soll. Wir können nur an sie glauben. Dieses *Glauben* muss vernünftig geregelt werden. Das geschieht im Diskurs der Religion ... Eben diese Position vertraten im vorigen Kapitel so unterschiedliche Geister wie Sophokles, Hesiod, Matthäus oder Hammurabi am Beispiel der Sittlichkeit. Wir kommen daher zum Grundsatz:

(75) Die Sittlichkeit hat nur deshalb Geltung, weil sie nicht von Menschen eingeführt wurde. Sie kann deshalb auch nicht von Menschen abgeschafft werden.

Wir müssen uns damit auseinandersetzen, dass wir Menschen die Sittlichkeit nicht erfunden, sondern vorgefunden haben. Sie ist nicht von unserem Willen abhängig, also kann man sie auch nicht abschaffen. Sie ist immer da. Sie ist allgegenwärtig. Wir können sie immer als Beurteilungsmaßstab an jedes Handeln anlegen. Und wir tun dies auch. Zuallererst bei Handlungen, die uns betreffen: Sobald eine Handlung unsere Würde ankratzt, wehren wir uns. Denn die Verletzung der Würde tut weh. Wir fühlen uns auf den Fuß getreten. Das lassen wir uns nicht gefallen. Es gefällt uns nicht: „Don't you step on my blue suede shoes!"

Dass das so ist, habe ich im Kapitel 2 beschrieben; aber warum es so ist, wissen wir nicht. Und ob es gut ist, können wir ebenfalls nicht beurteilen. Denn um zu wissen, ob Sittlichkeit gut ist, müssten wir einen Maßstab haben, mit dem wir messen und an dem wir ablesen können, ob Sittlichkeit gut ist. Aber woran wollen wir messen, ob Sittlichkeit gut ist? An einer Super-Sittlichkeit? Die ist auch nur eine Sittlichkeit.

Ein Ausflug in die Höhen
Vielleicht warten Sie nun schon etwas ungeduldig darauf, dass ich auch Quellen aus dem Alten Testament nach dem Ursprung der Sittlichkeit befrage. Sie haben Recht. Denn es lohnt sich. Es gibt dort eine wirklich großartige Geschichte zu lesen. Die Geschichte von Moses am Berge Sinai. Moses klettert auf den Berg Sinai, um dort von Gott Gebote für die Menschheit zu erhalten. Während er

noch auf dem Berg ausharrt, hat sein – wir würden heute sagen – „Regierungssprecher" Aaron auf Verlangen des ungeduldigen Volkes einen neuen Kult initiiert, bei dem in geradezu orgiastischen Feiern um ein goldenes Kalb herum getanzt und gefeiert wird. „Heilig ist die Lust", singen sie in Schönbergs Oper. Das Glück der Endlichkeit. Man verehrt das Tier, das Tierische, weil es einem dann „*sau*gut" geht. „Ihre leibliche Sichtbarkeit, Gegenwart, verbürgt unsre Sicherheit", heißt es in Arnold Schönbergs Oper um die beiden Brüder. Die Menschen möchten die Wahrheit *sehen*. Moses steigt vom Berg herab, ist entsetzt über den Rückfall seiner Mitbürger ins Vormenschliche und bestraft auf grausame Weise seine Freunde, Verwandten und Bekannten. Letztendlich jedoch siegt das theoretische Konzept, das Moses anzubieten hat, das Konzept einer Ethik, die das Gute zwar voraussetzt – aber nicht anschauen will. Ethik ist ein Prinzip, kein Faktum. Moses' Prinzip siegt, obwohl er lediglich ein paar Steintafeln vorweisen kann. Grau. In karger Sprache. Geradezu abweisend. (Wieder ein Stein als Herzstück, aber eben kein Herz aus Stein.) Und doch berichtet diese Bergerzählung – *gegen* unser aller alltägliche und historische Erfahrung – vom Erfolg des Moses. Vom Erfolg der Sittlichkeit. Vom Misserfolg des mächtigen Eindrucks. Warum? In Schönbergs Oper ahnt man die Antwort, dort sagt Moses zu Aron: „Das ist kein Bild, kein Wunder! Das ist das Gesetz. Das Unvergängliche, sag es, wie diese Tafeln, vergänglich; in der Sprache deines Mundes!" Das Zeitlose kann nur zeitbezogen gesagt werden. Warum?

Das Alte Testament gestaltet die Frage nach dem „Warum" in einem grandiosen Bild. Es verbindet *Nicht*wissenkönnen und Wissenmüssen miteinander, unmögliche empirische Kenntnis und notwendige Bedingungsanalyse. Niemand hat Moses oben auf dem Berg Sinai gesehen. Schon ihm müssen wir glauben, dass es wahr ist, was er uns erzählt und mitbringt. Aber wenn es wahr *wäre*, wenn die Bibel recht *hätte*, dann hätten wir endlich einen guten Grund, damit wir das, was wir logisch voraussetzen müssen, auch als gesichert ansehen könnten. Wir hätten Gewissheit, dass es das Gute gäbe.

Der Zauberberg

Die Geschichte vom Moses am Sinai berichtet von einem *Glaubens*akt; aber von einem Akt, der gedanklich notwendig ist. Denn wenn wir nicht glauben, dass die Geschichte wahr ist, taumeln wir unvernünftig im Nihilismus des Regierungssprechers Aaron und beten das Goldene Kalb, das Un-Menschliche, an. So hat schon Sigmund Freud (1856–1939) in seinem Nachdenken über diesen Mann Moses (1939) bedauert, dass wir das, was wir wissen *müssten*, nicht mehr wissen *können*: „Wir können nur bedauern, wenn gewisse Lebenserfahrungen und Weltbeobachtungen es uns unmöglich machen, die Voraussetzungen eines höchsten Wesens anzunehmen – eines göttlichen Geistes, der selbst das Ideal ethischer Vollkommenheit ist und den Menschen die *Kenntnis* dieses Ideals und den *Drang*, ihr Wesen dem Ideal anzugleichen, eingepflanzt hat." Aber es muss nicht beim Bedauern bleiben. Denn das, was Freud erforschen will (also die Kenntnis des Ideals und den Drang, ihm zu entsprechen), ist bisher trotz Lebenserfahrung und Weltbeobachtung nicht gefunden worden.

Der Forschungsauftrag, den der Psychoanalytiker vergab, bleibt akut: Woher bekommen wir die offensichtlich denknotwendige Gewissheit, dass es das *Ideal* geben muss, ebenso wie den *Drang*, ihm zu folgen?

Die Geschichte vom Sinai ist magisch in ihrer erkenntnistheoretischen Wucht. Sie verbindet Rationalität und Glaube so, dass selbst der, der aus gutem Grund nicht an die Geschichte glaubt, eine andere angeben *muss*, um sein *eigenes* Sinnen und Trachten zu begründen. Er muss *seinen* Moses erfinden und *seinen* Berg Sinai. Ansonsten muss er schweigen. Unbegründete Aussagen lässt die Vernunft nicht zu. Auch nicht als Kritik.

Die Moses-Geschichte will Geschichte und Geltung verbinden. Will sinnliche Gewissheit für etwas Gedachtes geben. Faktizität und Geltung *erscheinen* zusammen. Selbst der religionskritische Psychoanalytiker muss die Voraussetzungen teilen, von denen diese Geschichte erzählt. Selbst wenn er nicht glaubt, muss der Zweifelnde ein Surrogat für das bringen, was die Geschichte als geglaubtes Faktum ausweist: dass die Sittlichkeit nicht von Menschenhand eingeführt sein *kann*.

Überall ist Sinai

In den abrahamitischen Traditionen bleibt daher diese Geschichte unangetastet. So lasen wir in der jüdischen Tora *eine* Originalfassung. Im zeitlich folgenden Neuen Testament schreibt Johannes (1,17): „Denn das Gesetz wurde durch Mose gegeben …" Und im Koran lesen wir in Sure 7,141/144 ff.: „Allah sprach: ‚O Moses, siehe, Ich habe dich erwählt vor den Menschen durch Meine Sendung und Meine Zwiesprache. So nimm, was Ich dir gegeben habe, und sei einer der Dankbaren.' Und Wir schrieben für ihn auf den Tafeln eine Ermahnung in betreff aller Dinge und eine *Erklärung für alle Dinge*: ‚Und so nimm sie an mit Kräften und befiehl deinem Volke, *das Schönste in ihnen* anzunehmen.' (…) Abwenden aber will Ich von Meinen Zeichen diejenigen, die *ohne Grund* (!) sich hoffärtig auf der Erde benehmen. (…) Diejenigen aber, welche das Böse taten und dann hernach umkehren und gläubig werden – siehe der Herr wird wahrlich hernach verzeihend und barmherzig sein.'" (Der Koranautor geht demnach davon aus, dass es durchaus gute Gründe geben kann, auszuwählen, von den Vorschriften abzuweichen – und er spricht Allah nicht als strafenden, sondern – bei Einsicht – als verzeihenden und barmherzigen Gott an.)

Das ist schon eine gewaltige Tradition – und da ist es nur konsequent, wenn neben Sigmund Freud auch Friedrich Schiller, Johann Wolfgang von Goethe oder Thomas Mann und Martin Buber (um nur einige nicht ganz unwichtige Autoren zu nennen) diese Geschichte nacherzählt und interpretiert haben. Sie ist eine theoretisch zentrale Geschichte, um den Ursprung *und* die Notwendigkeit von Sittlichkeit, von Geltung *und* Genese ins Bewusstsein zu heben. Und dass sie *erzählt* ist, macht sie vollends bedeutsam. *Sie ist eben kein Beweis, sondern fordert auf, für das nur Erzählte einen vernünftigen Beweis zu bringen.* Sie ist eine Flaschenpost aus der Ewigkeit, eine Aufforderung. Die Aufforderung, das, was als Bild gestaltet ist, auf seine Tragfähigkeit hin zu prüfen.

Im Ernst

Allerdings geht sie davon aus, dass sie selbst als Geschichte unzweifelhaft ist. Sie ist daher kein feuilletonistisches Reflexionsangebot, sondern eine ernste Reflexionsaufforderung. Sie sagt: *Selbst wenn du die Geschichte nicht glaubst, musst du das in ihr dargestellte Problem lösen.* Oder noch stärker: *Selbst wenn du die Geschichte nicht glaubst, hast du das in ihr dargestellte Problem bereits in ihrem Sinn gelöst.* Du begrenzt deine Freiheit, um sie zu erhalten. Die Geschichte erzählt davon, dass Sittlichkeit nicht durch Menschen erfunden wurde, sondern dem Menschen gegeben, genauer: *aufgegeben* ist, *ob er will oder nicht.* (Sie erinnern das Prinzip 23? Alles Sprechen will immer gelingen. Alles Tun will immer ein Gut erlangen. Daran kann man nicht zweifeln, weil der Akt des Zweifelns die Gültigkeit dieser Annahmen voraussetzt.) Diesen Auftrag an den Menschen *kann* man in seiner Entstehung nicht erklären. Man kann ihn nur voraussetzen, und eben dies schildert die Geschichte vom Berg Sinai.

Aber die Sinai-Geschichte fügt diesem – in der Antike weit verbreiteten – Bild noch etwas hinzu, eine weitere Ungeheuerlichkeit. Sie bringt nicht nur die Entstehung der Sittlichkeit zeitlos ins abstrakte Bild, sondern bindet die Idee der Sittlichkeit zugleich an eine *Person.* Denn sie stattet den *Überbringer* der Sittlichkeit mit einer Autorität aus, die kein anderer Mensch hat oder ihm verleihen kann. Mit einer grausamen Autorität, die 3000 Israeliten mit dem Tod bestraft. Mit diesem *Bild* zeigt die Erzählung, dass es ihr ernst ist mit der Geschichte, todernst. Die Geschichte erzählt nicht nur von einer notwendigen gedanklichen *Voraussetzung.* Sie stellt Sittlichkeit nicht nur als etwas dar, was dem Menschen vorausgeht und ihn erst zum Menschen macht. Sondern sie stattet zudem den, der die Sittlichkeit einführt, mit einer Aura aus. Das ist nun theoretisch ganz interessant.

Das Paradox der Geltung

Die Sinai-Geschichte stellt dar, warum nicht alle menschlichen Aussagen gleichwertig sind. Wie das? Ich will es so erklären: Vom Gedanken der Freiheit ausgehend sind die Menschen alle gleich. Kommunikationstheoretiker formulieren das so: „Man kann nicht nicht kommunizieren." Alles ist Kommunikation, und daher ist auch alles gleich gültig. Denn mehr als Kommunikation kann es nicht geben. Und weniger auch nicht, da *alles* Kommunikation ist. Wenn das so ist, kann allerdings niemand mehr einen Geltungsanspruch erheben, denn woran gemessen soll eine Kommunikation besser sein als eine andere, wenn alles Kommunikation ist?

Gegen dieses Verständnis geht die Sinai-Geschichte an: Sie begründet, warum Rede nicht gleich Rede ist. Es gebe nämlich, so die Geschichte, autorisierte Reden. Von Gott autorisierte Reden. Sie haben mehr Geltung als die anderen Reden – weil sie autorisiert sind. Dialoge seien eben keine Kommunikation. Das allerdings ist eine ungeheuerliche Behauptung oder Einsicht: Etwas soll nicht nur gelten, weil es gesagt wird („alles ist Kommunikation"), sondern weil es unter dem Anspruch gesagt wird, dass es göttlich, also richtig sei? Das ist verwegen gedacht.

Denn wenn alle Menschen frei und daher gleich sind, müsste alles Gerede gleich sein. Dann aber gibt es nicht *richtig* und *falsch* oder *gut* und *böse*. Erst wenn man voraussetzt, dass Gesagtes falsch und unsittlich sein kann, kann es Sittlichkeit geben. Aber *wer* soll das sagen? Wer hätte unter Gleichen das Recht, der Obergleiche zu sein und die Gleichen zu regulieren? Wer kann mit welchem Grund sagen, dass vielleicht alles kommunikatives Geräusch, dieses aber sehr unterschiedlich im Hinblick auf Geltung zu bewerten ist? Es muss jemanden geben, der ungleich *und* gleich ist im Verhältnis zu allen Menschen. *Das aber ist logisch nicht möglich* …, es sei denn, man setzt ein Drittes voraus, den Gedanken der Geltung. Also etwas, was über dem Einzelnen steht.

Es ist die Vorstellung, dass es das Gute gibt und der Mensch teilhaben kann an dem Guten. Dann gibt es Gleichheit *und* Geltungsanspruch *zugleich*. Und dann erst gibt es sittliche Vernunft. Ohne Geltungsanspruch gibt es keine Vernunft und keine Sittlichkeit. Hiervon spricht die Sinai-Geschichte: Sie zeigt, dass Menschen nicht nur kommunizieren können (wie zum Beispiel die Bienen), sondern dass sie *richtig* und *falsch*, *gut* und *böse* reden können. Denn einer kann es; einer, der einer der ihren ist und doch das Gute *gesehen* hat, der aber das Gute nicht direkt mitteilen kann, weil er einer der ihren ist. Moses ist eben nicht Gott. Aber er weiß von Gott, er ist sogar beauftragt von Gott, vom Guten, und versucht nun so zu sprechen, dass er sowohl den Menschen als auch Gott gerecht wird. Die Menschen sind gleich; *dennoch* macht der Gedanke der Geltung sie ungleich.

Der Gedanke der Geltung geht den Menschen voraus. Nicht der einzelne Mensch ist Maß aller Dinge, sondern die Idee der Geltung ist Maß für den Menschen. Alle Menschen müssen so sprechen, dass es gültig ist. Aarons Leute fragen: ‚Wer behauptet das und erhebt sich mit dieser Behauptung über uns?‘ Antwort von Moses: ‚Ich!‘ Moses sagt, dass es Lüge und Wahrheit gibt (und mithin *nicht* alles Kommunikation ist). Die Lüge ist keine Kommunikation, sondern die Verweigerung von Sinn. Moses sagt dies („Du sollst nicht lügen!"). Er sagt, dass es Gut und Böse gibt (und mithin nicht nur Akzeptanz).

Der Berg als Grund

Diese Denkbewegung, auf der unsere gesamte menschliche Weltkultur fußt, setzt die Sinai-Geschichte ins Bild: „Und der Herr sprach zu Mose: Siehe, ich will zu dir kommen in einer dicken Wolke, auf das dies Volk es höre, wenn ich mit dir rede, und glaube ewiglich" (2,9). Die Sinai-Geschichte löst die Paradoxie von Gleichheit und Geltung in ein fassbares Bild auf. Damit wird das Bild zur energischen Aufforderung an das vernünftige Denken: *Auch wenn man nicht an Gott glaubt, muss man das Geltungsproblem so lösen, als ob man an Gott glaubte.*

(76) Sittlichkeit setzt die Gleichheit aller Menschen voraus: Alle Menschen sind frei und darin gleich. Zugleich aber setzt Sittlichkeit den Gedanken der Geltung voraus, den Gedanken, dass der eine richtig und gut, der andere falsch und böse argumentiert – zwei Aussagen also ungleich sein können. Diese Widersprüchlichkeit wird durch den Gedanken des von Gott gegebenen Geltungsanspruchs aufgefangen.

Die Sinai-Geschichte erzählt also, wie es möglich sein kann, dass unter Gleichen jemand einen Geltungsanspruch erheben muss *und* kann – und sich damit über andere erhebt. (Pädagogik wird theoretisch möglich!) Er *muss* es, weil nicht alles, was man tut, schon gut ist; er *kann* es, weil zumindest ein Mensch einmal für einen kurzen Moment Teilhabe am Übermenschlichen (also am Guten) hatte und davon berichten kann, dass es das Gute gibt – auch wenn man es nicht kennt und nicht mehr unmittelbar von ihm hört und wenn man es nicht anschauen kann.

In der Sinai-Geschichte ist ein *Grundproblem der Ethik* dargestellt, das bis heute nicht gelöst ist (zumindest dann nicht, wenn man *nicht* an die Sinai-Geschichte oder eine ihrer Variationen glaubt). *Wie kann man begründen, dass es richtig und falsch sowie gut und böse gibt – ohne dass das Begründen schon voraussetzt, dass es diese Unterscheidungen gibt?* Durch Kommunikation? Wohl kaum. Aber auch in der *Kommunikationsgemeinschaft* darf nicht etwas schon deshalb gelten, weil es gesagt wird. Die faktische Kommunikation kann nicht Geltungsgrund für die ihr folgende Handlung sein. (Sonst hätten Folter-Knechte und Folter-Opfer *gleichermaßen* recht. Beide kommunizieren. Eine grauenhafte Vorstellung.) Es geht nie um das faktische, sondern um das *gültige* Argument. Die Gültigkeit kann aber wiederum nicht kommunikativ erstellt werden, weil dies einen Regress ins Unendliche gäbe und keine Entscheidung möglich machte. Damit bleibt die Frage offen, die alte mosaische Frage: Woher bekommt der Gedanke, dass es Gültiges geben kann, seine Autorität?

Früher war alles früher

Es war wesentlich einfacher, in einer konfessionell fundierten Gesellschaft das Richtige zu finden und zu begründen. Das lag nicht nur daran, dass die meisten dieser Gesellschaften in der Gewissheit lebten, auch die Normen sittlichen Handelns aus dem Wesen der Welt ableiten zu können – wie sich dies bei Antigone andeutete und von Aristoteles formuliert wurde. Sondern es lag auch daran, dass alle Menschen in der unbezweifelten Sicherheit lebten, dass es diese Sittlichkeit gäbe. Dass es das absolut Gute (= Gott) gäbe und dass es möglich und sinnvoll wäre, sich darum zu bemühen.

Diese drei Voraussetzungen (es gibt das Gute; Menschen können es erkennen; sie sollen sich daran halten) bestehen weiterhin. Wenn man nicht an Gott glaubt, muss man diese drei Voraussetzungen allerdings anders (d. h. postreligiös, nachmetaphysisch) begründen. Bisher ist noch keine konsensuale Begründung gefunden worden. *Wir handeln derzeit, wenn wir nicht gläubig sind, ohne einen letzten Grund für unser Handeln zu haben.* Wir beginnen Kriege, foltern Menschen, versehen sie mit Nahrung und retten Leben, ohne letztlich sicher zu sein, dass dies gut ist. Das ist – vorsichtig formuliert – intellektuell unbefriedigend.

Da nicht zu vermuten ist, dass die Menschen nun plötzlich etwas finden, was sie in tausenden von Jahren intensiver Suche weder in der Bibliothek noch im Alltag gefunden haben, könnte man durchaus mit guten Gründen die Auffassung vertreten, dass die Suche sinnlos ist, da sie auch künftig ergebnislos bleiben wird. Und zwar deshalb, weil die Antwort längst bekannt ist.

Wäre es nicht ein Zeichen von Klugheit, nicht nach dem zu suchen, was schon da ist? Wir könnten doch anerkennen, dass es keine vernünftigen Letztbegründungen gibt (und geben kann) und wir somit etwas voraussetzen müssen, das man nur glauben kann. Einen solchen Vorgang nennt man Bekenntnis. Es könnte also klug sein zu akzeptieren, dass wir ohne Bekenntnis nicht auskommen. Dass wir offen und öffentlich aussprechen müssen, was wir alle stillschweigend voraussetzen:

> (77) Wir setzen die Gültigkeit der Sittlichkeit voraus und können diese Voraussetzung nicht anders als durch ein Bekenntnis gestalten.

Wir sind schon immer drin im Glaubensakt – entweder unreflektiert (was dem Zeitalter der Aufklärung und dem nachmetaphysischen Anspruch nicht angemessen ist) oder explizit (was ein Ausdruck von aufgeklärter Vernunft wäre). Wir sollten schlicht eingestehen, was sich nach ein paar Jahrtausenden akribischer Suche und sorgfältiger Forschung herausgestellt hat, dass nämlich jede Sittlichkeit metaphysische Annahmen macht oder Voraussetzungen hat, dass Sittlichkeit (welche auch immer) ohne religiöses Bekenntnis nicht vernünftig ist …, dass aber der Einsatz einer solchen religiösen Begründung nicht unsittlich sein darf.

Konfessionen müssen sittlich sein
Mit dem letzten Halbsatz dreht sich noch einmal das Erkenntnisinteresse bei der Verhältnisbestimmung von Sittlichkeit und Religion um: Konfessionen in der Gegenwart müssen sich ethisch befragen lassen. *Da Glaubensakte zur Sittlichkeit motivieren, dürfen sie nicht so gestaltet sein, dass diese Glaubensakte der Sittlichkeit widersprechen.* Religion ist mithin keine Letztbegründung für die Inhalte der Ethik, ebenso wenig wie die Ethik Religion ersetzt. Beides bedingt sich, weil es sich wechselseitig bedarf:

(78) Die Sittlichkeit bedarf der religiösen Überzeugungen, die aber nicht so gestaltet sein dürfen, dass ihre Praxis der Sittlichkeit widerspricht.

Sittliche Handlungen erfolgen ausschließlich um der Würde der Menschen willen: Also darf es keine konfessionellen Praktiken geben, die gegen die Würde des Menschen verstoßen, denn um dieser Würde willen soll ja die Sittlichkeit eingeführt werden, zu der die Religion motiviert.
   Alle Konfessionen, die mit Setzungen, normativen Gewissheiten, nur durch Tradition legitimierten Normen,

mit Überredung, Manipulation, Angst, Drohung, Strafe, Zwang und Gewalt arbeiten, die die Würde des Menschen verletzen und seine Freiheit nicht achten, sind aus sittlichen Gründen abzulehnen. Sie können und dürfen daher in einem Rechtsraum keine Geltung haben. Sie mögen ihre Genese nachweisen und sich auf authentische Texte beziehen können: Gleichwohl sind sie nicht zu akzeptieren, *weil das Motivierende nicht dem widersprechen darf, wozu es motiviert.* Es ist sittlich, solche Konfessionen zu verbieten und ihre Praxis einzuschränken oder zu untersagen. Denn sie zerstören die Sittlichkeit, der der Mensch bedarf, um in Würde leben zu können.

(79) Sittliche Handlungen setzen Freiheit voraus. Zur Freiheit kann nicht durch konfessionelle Unfreiheit motiviert werden. Das wäre ein Widerspruch in sich selbst.

9. Warum wir auch dann schon sittlich handeln, wenn wir es noch gar nicht wissen

Es gilt, zum Abschluss noch schnell einem Geheimnis auf die Spur zu kommen, und zwar dem Geheimnis der menschlichen Natur und damit der Geschichte. Beginnen wir in der grausigen Gegenwart.

In einer Gedenkstätte
Wer die Gedenkstätte des DDR-Staatsgefängnisses in Hohenschönhausen besucht, dem erzählen ehemalige Häftlinge eine sonderbare Geschichte. Sie berichten davon, dass sie in dem Gefängnis auch ohne Geständnis und Prozess jederzeit hätten mit Todesfolge misshandelt werden können. Allerdings hätten die Verhörspezialisten immer darauf bestanden, ein *Geständnis* zu hören oder zu lesen. Die Inhaftierten sollten *explizit* gestehen. Obwohl das Urteil schon festgestanden hatte, bevor der Prozess stattfand, wollte der Staat das verbale Geständnis einer Schuld. Mit Unterschrift. Der Staat wollte das Schuldeingeständnis auch dann, wenn es keine Schuld gab. Ein Indizienbeweis reichte nicht. Der Staat wollte den vermeintlichen Täter nicht bestrafen, ohne dass dieser selbst seine Tat ausdrücklich *benannte*, sich verbal schuldig *sprach* und so sein Urteil selbst fällte. Die gemutmaßte Schuld sollte zur Sprache gebracht werden – und zwar vom Angeklagten selbst.

Die Besucher heute sind stets verwundert. Sie fragen die ehemaligen Häftlinge, warum dies so gewesen sei, denn die Staatsmacht hätte doch alle Mittel gehabt, ihre Macht auch ohne explizites Geständnis durchzusetzen. Die Antwort fällt den Opfern des Regimes nicht leicht. Sie äußern die Vermutung, dass es ein *sittlicher* Anspruch der Regierung war, keinesfalls Menschen zu bestrafen, die ihre Tat selbst nicht eingestanden, eingesehen, ja formuliert hatten.

Diese Beobachtung kann sich auf unsere Sprachtheorie berufen: Da Sprache immer das Richtige sagen will, ist auch das erzwungene Aussprechen einer vermeintlichen Schuld ein Bekenntnis. Etwas ist gesagt, und damit erhebt es den Anspruch, *richtig* zu sein. Das Aussprechen erst macht aus einem Verdacht einen Tatbestand. Eine grausige Seite der Sprache: Sprich, damit ich dich vernichten kann! Selbst ein Regime, das nicht zimperlich mit seinen Kritikern und Gegnern umging, das sie nachweislich mit Körperverletzung und Tod bedrohte, das alle Macht über die leibliche Person hatte, bestand auf selbsttätiger Einsicht, die zudem explizit formuliert werden musste. Das Regime unterstellte demnach, dass Sprache die Intention der Geltung hat. Die Intention, nicht zu lügen. Wer etwas sagt, sagt es *immer* mit einem Funken Wahrheit – das war die vorausgesetzte Idee des erzwungenen Geständnisses: „Du sollst nicht lügen!" In einem Grundlagenbuch über „Sprache – Bildung und Erziehung" aus dem Jahre 1977, erschienen in Ostberlin, heißt es: „Grundlage der Kommunikation in der sozialistischen Gesellschaft ist nicht mehr eine antagonistische Klassenstruktur. Das heißt, dass sich die Mehrzahl der Kommunikationsteilnehmer in Übereinstimmung mit der herrschenden Gesellschaftsordnung befindet. So ist etwa das Kommunikationsziel Irreführung, Manipulation der Massen grundsätzlich ausgeschlossen." In der damaligen sozialistischen Gesellschaft *will* nicht nur jeder das Gute, er muss es bereits tun. Genau hier liegt die Grenze zwischen Sittlichkeit und Diktatur.

Regimegegner zur Selbstbezichtigung zu nötigen und ihnen *nach* der verbalen Selbstbezichtigung anzutun, was schon *vor* der Selbstbezichtigung beschlossen war, mag von außen her betrachtet unverständlich sein, denn schon die Ethiker der Antike sagten, dass erzwungene Aussagen keinen Anspruch auf Wahrheit stellen können. Aber von *innen* betrachtet ist es das, was die Natur des Menschen offenbart: Wir können nicht handeln, ohne uns selbst als *sittlichen* Akteur zu verstehen, der das Gute will. Es überschreitet gewiss die Schmerzgrenze, in einem Gefängniswärter einen Menschen zu sehen, der sittlich sein *will*, wenn er einen nackten Häftling in einem eisigen Keller mit kaltem Wasser übergießt, damit der Inhaftierte langfristig an Lungenentzündung stirbt (Walter Kempowski: *Im Block*. 1969). Und doch ist es so. Es ist der Wille zur Sittlichkeit. Dieser Wille eines *Verhörers* (wie die Spezialisten im DDR-Jargon offiziell hießen – welch subtile Ironie!) beherzigt in seiner Folterzelle sogar eines der ersten Prinzipien, die wir aufgestellt haben: dass man die Freiheit des anderen dann einschränken darf, wenn der andere dieser Einschränkung zustimmt. Das Geständnis war diese Zustimmung. Dass diese Zustimmung erzwungen war, ist nur Teil der Prozessordnung.

Wir sind sittlich affiziert

Diese – nennen wir es – ethische Affektion, diese Unmöglichkeit, mit dem Vorwurf zu leben, man sei unmoralisch, lässt sich auch am Gegenteil dieser schrecklichen Geschichte aufzeigen, am lebensweltlichen Interesse nämlich. Immanuel Kant (1724–1804) hat dies bemerkt und zur Grundlage seiner Methodik gemacht, also der Wissenschaft darüber, wie man denn Sittlichkeit lehrt. In der Methodenlehre aus der „Kritik der praktischen Vernunft" (1788) schreibt er:

> „Diejenigen, welchen sonst alles Subtile und Grüblerische in theoretischen Fragen trocken und verdrießlich ist, treten bald bei, wenn es darauf ankommt, den moralischen Gehalt einer erzählten guten oder bösen Handlung auszumachen, und sind so genau, so grüblerisch, so subtil, alles, was die Reinigkeit der Absicht, und mithin den Grad der Tugend in derselben vermindern, oder auch nur verdächtig machen könnte, auszusinnen, als man bei keinem Objekte der Spekulation sonst von ihnen erwartet."

Aus aller Welt

Diese kleine Passage erklärt, warum die Yellow Press so überaus beliebt ist, jenes Zeitschriftengenre, das vom Tratsch lebt. Von fiktionalen Reportagen über heimliche Verlobungen und verschwenderische Hochzeiten, über gewagte Seitensprünge und inflationäre Eheschließungen, über böse Rosenkriege und lang ersehnte Thronfolger, über elende Krankheiten und einsame Tode. Und immer geschieht dies in der Haltung der sittlichen Entrüstung: Nach sieben Jahren Zweisamkeit schickte er sie ohne einen Cent in die Wüste ..., so unmoralisch sind die Männer! Sie hätte einen Neuen, wohne aber noch beim Alten: Wie krass sei das denn?

Man kann über die Geschichten lächeln, man kann ihren Sachgehalt bezweifeln und sie als Gebräu aus Dichtung und Wahrheit abtun – aber man sollte ernst nehmen, was sie hervorbringen. Es ist ein Stück Ewigkeit. Gehen wir einen Schritt auf sie zu:

> „Die Nachahmenden ahmen handelnde Menschen nach. Diese sind notwendigerweise entweder gut oder schlecht. Denn die Charaktere fallen fast stets unter eine dieser beiden Kategorien; alle Menschen unterscheiden sich nämlich, was ihren Charakter betrifft, durch Schlechtigkeit und Güte. Demzufolge werden Handelnde nachgeahmt, die entweder besser oder schlechter sind, als wir zu sein pflegen, oder auch ebenso wie wir.“

Das hatte Aristoteles (385–322) vor zweieinhalbtausend Jahren ohne Kenntnis der Yellow Press geschrieben. Es bestätigt, was Kant schreiben wird. Es bestätigt, dass auch jene Menschen sittliche Fragen traktieren, die für die Ethik gar nicht erreichbar sind. Denn diejenigen, die keine Lust auf Theorie haben, können sich nicht sattsehen und -hören an dem, was die Sittlichkeit betrifft. Und das ist doch erfreulich.

(80) Geschichten fordern unsere sittliche Urteilskraft heraus.

Dieser Befund ist ein Fingerzeig dafür, dass *Ethik* kein Türschild für die große Abteilung einer Bibliothek ist, sondern eine Bezeichnung für eine leicht zum Klingen bringende Saite im Menschen. Sobald man anhebt „Hast du schon gehört …“, öffnen sich nicht nur die Ohren, sondern auch die Herzen – und dies ist nur möglich, weil wir am Handeln des anderen *theoretisch* interessiert sind.

Der Fall des Kettensägenkillers

Warum finden wir es schrecklich, wenn auf der Leinwand Horrorkiller mit gigantischen Mordinstrumenten durch die nächtlichen Villenviertel ziehen und Menschen erschießen, erstechen, aufschlitzen und zersägen? Wir wissen doch, dass die Zerstückelten nach dem Dreh aufstehen, die rote Farbe abwaschen, einen Becher kalten Kaffees trinken und ihr Zigarettchen rauchen. Wir wissen, dass im Film alles Show ist, dass gut ausgebildete Maskenbildner verschwenderisch mit Farbe umgingen und Cutter die Schnittfolge raffiniert gestalteten. Aber jedes Mal ekeln wir uns. Oder man sagt: „Ich kann mir das nicht ansehen!" Warum nicht? Es ist doch künstlich, was wir sehen. Es ist doch keine Wirklichkeit.

Jean-Jacques Rousseau (1712–1778) hat seine Sittlichkeitslehre ganz auf dieser Beobachtung aufgebaut, auch wenn er Horrorfilme noch nicht kannte. Er stellt fest, dass wir immer bei anderen Menschen mit-leiden. Die Angst beim Horrorfilm – sie ist das auf uns selbst bezogene Mit-Leiden. Mitleiden heißt, das dem anderen angetane Leid so zu erleben, als hätte man es uns selbst angetan. Wir erleben uns im anderen. (Betonen Sie den letzten Satz einmal auf dem ersten Wort im Satz!) Wir haben vor dem Kettensägenkiller Angst, weil wir uns mit der duschenden Blondine identifizieren, die das nächste Opfer sein wird, auch wenn wir weder blond noch weiblich sind und gerade nicht unter der Dusche stehen, sondern im Kino sitzen. Wir sind es, die Angst davor haben, zersägt und zerstückelt zu werden, wenn jemand im Film sein nächtliches Unwesen treibt.

Sie ahnen inzwischen, dass ich wieder darauf hinweisen werde, dass man dies schon in der Antike sehr genau wusste. Und richtig. Aristoteles notierte:

„Außerdem erfreuen sich alle Menschen an den Nachahmungen. Ein Beweis dafür ist das, was wir bei Kunstwerken erleben. Was wir nämlich in der Wirklichkeit nur mit Unbehagen anschauen, das betrachten wir mit Vergnügen, wenn wir möglichst getreue Abbildungen vor uns haben. Ursache davon ist eben dies, dass das Lernen nicht nur für die Philosophen das erfreulichste ist, sondern ebenso auch für die anderen Menschen."

Man kann nun das Mitleiden steigern oder erschweren. Hierzu einige Tricks von Aristoteles:

„Folgendes ist klar: 1. Man darf nicht zeigen, wie makellose Männer einen Umschlag vom Glück ins Unglück erleben; dies ist nämlich weder schaudererregend noch jammervoll, sondern abscheulich. 2. Man darf auch nicht zeigen, wie Schufte einen Umschlag vom Unglück ins Glück erleben; dies ist nämlich die untragischste aller Möglichkeiten, weil sie keine der erforderlichen Qualitäten hat, sie ist weder menschenfreundlich noch jammervoll noch schaudererregend. 3. Andererseits darf man auch nicht zeigen, wie der ganz Schlechte einen Umschlag vom Glück ins Unglück erlebt. Eine solche Zusammenfügung enthielte zwar Menschenfreundlichkeit, aber weder Jammer noch Schaudern. Denn das eine stellt sich bei dem ein, der sein Unglück nicht verdient, das andere bei dem, der dem Zuschauer ähnelt, der Jammer bei dem unverdient Leidenden, der Schauder bei dem Ähnlichen. Daher ist dieses Geschehen weder jammervoll noch schaudererregend."

Furcht beim Zuschauer entsteht, wenn der Held dem Zuschauer ähnelt. Ein Leser dieser zitierten Zeilen hat diese Gedanken ein wenig ergänzt, und die Ergänzung hilft uns, das Sittlichkeits-Phänomen zu verstehen:

„Die Namen von Fürsten und Helden können einem (Theater-)Stück (oder einem gelben Wochenblatt, V. L.) Pomp und Majestät geben; aber zur Rührung tragen sie nichts bei. Das Unglück derjenigen, deren Umstände den unsrigen am nächsten kommen, muss natürlicherweise am tiefsten in unsere Seele dringen; und wenn wir mit Königen Mitleid haben, so haben wir es mit ihnen als mit Menschen, und nicht als mit Königen zu tun.“

Das schrieb Gotthold Ephraim Lessing (1729–1781) im 14. Stück seiner *Hamburger Dramaturgie* aus dem Jahre 1769. Wir stoßen hier auf eine menschliche Konstante. Die *Mitleidensfähigkeit* (Empathie, sagen die modernen Psychologen). Sie gibt es so lange, wie Menschen etwas nachahmen. Also ziemlich lange. Man kann erneut Aristoteles zitieren:

„Das Nachahmen ist den Menschen von Kindheit an angeboren; darin unterscheidet sich der Mensch von den anderen Lebewesen, dass er am meisten zur Nachahmung befähigt ist und das Lernen sich bei ihm am Anfang durch Nachahmung vollzieht.“

Diese Beobachtung erklärt, warum wir immer schon von ethischen Fragen affiziert werden. Wir können uns gegen den Affekt gar nicht wehren; er ist unsere Natur.

(81) Ein anderer Mensch fordert uns heraus, indem wir das, was er sagt und tut, auf Gültigkeit für uns überprüfen. Das ist der Beginn sittlichen Urteilens.

Selbst Säuglinge ahmen das Lächeln ihrer Eltern nach. Recht wahrscheinlich ist, dass sie deshalb mit ihren Eltern interagieren, weil sie sich oder ihr Menschsein in den (omnipotenten) Eltern erleben.

Was anderen angetan wird, erleben wir so, als würde es uns angetan. (Versuchen Sie mal, sofern Sie weder als Mediziner noch als Pflegefachkraft ausgebildet sind, Ihren Kindern eine Spritze zu geben. Das kostet schon eine große *Selbstüberwindung* – auch wenn Sie wissen, wie not diese Spritze täte! Wir müssen *uns* überwinden, weil wir dem *anderen* eine Spritze geben wollen … eigentümlich, nicht wahr?)

Wenn wir von anderen hören, hören wir zugleich von uns. Und deswegen ist die Yellow Press so erfolgreich – und deswegen ist selbst die Sensationslust der Leser *letztlich* eine Hoffnung auf die Zukunft. Wir leiden mit, weil wir für uns immer das Gelingen wollen.

Ethisch ohne Ethik
Es gibt also zahlreiche Ethiker außerhalb jener Autorengruppe, die ihre Bücher für die Bibliotheken schreiben. Man kann die Menge sogar ganz exakt angeben: Es sind alle Menschen. Alle, die von sich und anderen erzählen. Die, die die Klatschspalten der Tagespresse lesen. Die am jüngsten Gerücht interessiert sind.

Wenn wir diese Tratsch- und Klatschgeschichten wahrnehmen, bilden wir uns sofort ein Urteil. Wir stellen allgemeine Sätze aus gegebenem Anlass auf. Wir sagen:

A: Arme Lady Di – sie wurde so betrogen, wie ich nie betrogen werden möchte.

B: Das hätte sie doch wissen können ...!

A: Trotzdem ist Betrug schändlich!

B: Auch im Krieg?

... und ohne dass wir es uns vorgenommen haben, sind wir in eine ethische Grundsatzdiskussion verwickelt. Wir lernen anlässlich von Beispielen. Nicht, indem wir sie als Vorbild nehmen, sondern indem wir sie deuten, verallgemeinern und auf Prinzipien hin reflektieren, die auch für uns gelten. Lernen am Beispiel meint, Lernen durch Reflexion. Und das können alle immer:

> „Würdet ihr den Gleichnissen folgen, dann wäret ihr selbst Gleichnisse geworden und damit schon der täglichen Mühe frei.“

So schreibt es Franz Kafka (1883–1924) in seinem kurzen Text von den Gleichnissen.

Beispielaufgaben

Man könnte eine Ethik so schreiben, dass man nur Geschichten reflektiert: Wie zum Beispiel jemand einmal an einer Kasse im Supermarkt 30 Cent zu viel bekommen hat und nun darüber nachdenkt, ob er den anderen darauf hinweist oder nicht. Der Anlass mag noch so geringfügig sein, der Vorfall jedoch enthält das Ganze der Ethik. Es ist wie bei einem Winkel. Das Winkelmaß kann man schon recht nah am Scheitelpunkt des Winkels ganz exakt angeben, dann, wenn die beiden Strahlen noch nicht sehr weit voneinander entfernt sind. Das wäre gewissermaßen eine kleine Ethik. Eine große Ethik würde die Strahlen weiter verfolgen, vielleicht dorthin, wo sie kilometerweit auseinanderliegen: Aber das Winkelmaß bleibt das gleiche.

Ob man überlegt, einem unfreundlichen Menschen gerecht zu werden oder eine Atombombe auf Unschuldige zu werfen, um Schuldige zum Einlenken zu bewegen: Es ist ein und dieselbe ethische Frage, die wir stellen. Sie lautet: *Verletzt die Tat die Menschenwürde?* Die Komplexität des Sachverhalts und die Zahl der Opfer mögen grausig variieren, die Grundfrage aber bleibt stoisch gleich: *Welches Handeln sichert die Würde des Menschen?*

Franz Kafka hat so ganz nebenbei und in Übereinstimmung mit Rousseau die Grundlage der Ethik benannt: *Wir sind das Beispiel.* Unser Tun ist immer Vorbild. Wir sind Beispiel für andere. Möchten wir das sein? Egal! Wir *sind* es. Also *müssen* wir es richtig sein.

> (82) Wir müssen so handeln, dass wir Beispiel für das Menschsein sein können.

In uns steckt immer schon die *gesamte* Sittlichkeit. Wir handeln so, als ob wir das Gute kennen würden. Jedes andere „als ob" wäre nicht zu verantworten. Aus dieser Verantwortung können wir uns nicht herausargumentieren.

Bibliothekarische Konsequenzen
Alles, was wir für die sittliche Entscheidung brauchen, haben wir in unserem Denken und Sprechen. Aber alles, was wir dazu brauchen, um den Sachverhalt zu erkennen, über den wir entscheiden, müssen wir hinzulernen. Nicht die Sittlichkeit ist gelehrt, sondern die Welterkenntnis. Die Abteilung Ethik der philosophischen Bibliothek bräuchte

also in der Tat nur ein, na gut, zwei Bücher. Einmal das Buch der Natur. Denn die Sittlichkeit ist natürlich. Aber wer oder was ist die Natur? Wir brauchen also, glaube ich, ein zweites Buch: die Offenbarung. Denn die Sittlichkeit ist göttlich.

Handeln wir so, dass wir Beispiel sein können! Mehr muss man eigentlich nicht sagen, wenn man sich fragt, ob man richtig handelt: Sollen alle anderen nach den Prinzipien handeln, nach denen wir selbst handeln? Ja.

> **(83) Jeder, der handelt, sagt: „Folgt mir!"**

Damit beginnt die Ethik. Alle Menschen sollen nach den gleichen Prinzipien handeln! Wonach denn sonst? (Als der Alte Fritz (1712–1786) preußisch deklarierte: „Jeder nach seiner Façon!" ... sollte das *für alle gelten*: Also handeln wieder alle *nach dem gleichen Prinzip*.) Diese *hypothetische Verallgemeinerung* ist die einfache Begründung des Gutseins. Sicherlich stößt man auf hochkomplexe Sachverhalte, wenn man dieses schlichte Merksätzchen auf einem UNO-Weltkongress in die Tat umsetzen will. Aber es sind keine ethischen Probleme, die dort ventiliert werden. Es sind Sachprobleme. Um die Sachprobleme zu verstehen, muss man möglichst viele Kenntnisse und Fähigkeiten haben. Um zu bedenken, ob unser Handeln der Menschheit nutzen könnte oder nicht, muss man so viel wissen wie nur möglich. Am besten alles. (Weniger wäre nicht zu verantworten.) Und dann kommt die kleine ethische Frage: Was soll ich tun?

Die Sachfragen sind es, die kompliziert sind. Die ethische Frage ist ganz einfach. Kinder reimen sie sich gerne zusammen, wenn sie sich verletzt fühlen „Was du nicht willst, das man dir tu, das füg auch keinem anderen zu." Wobei sie voraussetzen, dass das „Du" der Begriff des Menschen in einer Person ist. Das Beispiel der Menschheit. Es ist das ideale „Du", nicht das reale.

Buch oder Leben
Manchmal könnte sich der Verdacht einschleichen, dass wir alle gerne so dicke Bücher über ethische Fragen schreiben, um zu verhindern, dass wir uns den Fragen im Leben stellen. Wir suchen nach Ausreden, warum wir gar nicht sittlich handeln *können*. Warum wir nicht Vorbild sein *können*. Es strömt *Allwissenheit* aus, über die Unmöglichkeit von Ethik zu schreiben. Es verleiht einem *Ansehen*, über die Unsittlichkeit der Ethik zu schreiben. Es macht einen *mächtig*, über die Machtlosigkeit der Ethik zu schreiben. Die Skepsis wirkt *erhabener*, als im sozialen Brennpunkt eine Beratungsstelle einzurichten.

Eine Ethik kann man gliedern, den Alltag nicht. Eine Ethik kann man systematisch aufbauen, das Leben nicht. Das passiert einfach. Da kommt plötzlich einem Workaholic eine Liebschaft in die Quere. Da fällt einem beim guten Leben die böse Tat auf die Füße. Eine Ethik kann man in der zweiten Auflage revidieren, das Leben nicht. Man steht immer unter Handlungszwang, und man kann immer nur einmal handeln. Das meiste im Leben kann man „nicht wieder gutmachen": „Geschenkt ist geschenkt, wieder wegnehmen ist stehlen", sagten wir als Kinder.

In der Ethik fragt man: „Was soll ich tun?" Im einfachen Leben kann man nur sagen: „Mach's gut!" Bei einer Ethik kann man sich Zeit lassen, im Leben nicht. „Mach's besser!" Eine Ethik hat Fußnoten; mit denen kann man sich absichern. Das Leben hat keine Fußnoten. Allein der Fließtext gilt.

Aber die Religion ist es, die uns aus der Zeit hebt: Wir können bereuen, wenn wir Fehler begangen haben. Wir können Buße tun und uns bessern. Wir können die Tat nicht ungeschehen machen, aber wir können uns zu unserem Fehlverhalten bekennen. Wir können unsere Sünden bereuen. Religion macht frei. Sie holt uns aus der Geschichte. Sie hilft uns, nicht an unserer Zeitlichkeit (und damit an unserer Endlichkeit) zu verzweifeln, sondern auf die Ewigkeit zu hoffen. Religion ist so der Zweifel daran, dass *allein* die Zeit unser Richter ist.

Müssen wir wirklich erst Philosophie mit dem Schwerpunkt Ethik auf Abschluss Magister studieren, um die Frage zu beantworten, ob wir die Kassiererin, die uns schlecht behandelt hat, auf ihren Fehler zu ihren Ungunsten hinweisen sollen? Kann man wirklich diese Frage nur verantwortlich beantworten, wenn man an einer Exzellenz-Uni mit zwei Auslandssemestern studiert hat? Dann hätte es bis zum heutigen Tag keine sittlichen Menschen gegeben. Und wir müssten mit unserem Leben so lange warten, bis die drittmittelgeförderte philosophische Spitzenforschung an ihr Ende gekommen ist.

Philosophische Forschung ist unverzichtbar. Natürlich muss man „Moral und Sittlichkeit" nach allen Regeln der Wissenschaft erforschen. Und natürlich muss man sich kundig machen. Aber im Alltag wird derweil sittlich zu handeln versucht. Schon bevor man das Buch schreibt; dann nämlich, wenn man aus Gründen der Sittlichkeit beschließt, eine Bibliothek einzurichten. Und dort eine Abteilung „Ethik".

Die Sittlichkeit ist da, bevor wir von ihr wissen
Wir können gewiss sein, dass alles Sittliche schon *in uns drin* ist. Dass es immer schon *in uns drin* war und immer *in uns drin* bleiben wird. Und ich meine nicht die soziale Moral. Nicht, was Sitte und Gewohnheit sind. Nicht die Üblichkeiten. Ich meine die reflektierte Sittlichkeit. Es ist wie mit der Kunst:

Der erste Satz ist da, bevor wir über ihn nachdenken …
… weil schon das Nachdenken über den ersten Satz des Romans der erste Satz des Romans ist: „Indem ich die Feder ergreife …", wie Thomas Mann anhebt, oder: „Sie haben mir eine Strafarbeit gegeben …", wie Siegfried Lenz. „Endlich bin ich von meiner vierzehntägigen Reise zurückgekehrt", wie Fjodor M. Dostojewskij. Die Kunst ist schon da, bevor wir sie machen. Ein Romanautor wartet nicht darauf, bis die Literaturwissenschaften endgültig definiert haben, was ein Roman ist. Er fängt mit dem ersten Satz an. Und auch nach Literaturkritik und Erzählforschung bleibt das Erzählte gültig. Kein Mensch wird erst durch Forschung Mensch: Er lebt bereits sittlich, wenn er zu forschen beginnt. Er muss erzählen, bevor er das Erzählte untersuchen kann. Würden die Menschen nicht vorgängig schreiben und handeln, gäbe es bis heute nicht ein einziges literarisches Kunstwerk und keine Ethik. Es würde auch künftig keine Kunst geben und keine Ethik. Denn Wissenschaft kommt nie an ein Ende. Unser Leben schon. Da kann man sich endlich einmal endgültig sicher sein. Oder vielleicht doch nicht? Weil wir in unseren Taten weiterleben?

Wahrheit und Sittlichkeit

Man muss unterscheiden: Die Suche nach der *Wahrheit* ist ein Prinzip, das uns auf dem Laufband hält. Wahrheit ist kein Endzustand, den wir einmal erleben werden. Wir können nicht auf sie warten.

Die *Sittlichkeit* hingegen muss schon vorhanden sein. Vor uns. Sie regelt, dass wir aufs Laufband kommen – indem unsere Eltern uns wollen. (Ob sie uns gewollt hatten, ist eine andere Frage.) Sie haben bereits unter dem Anspruch jener Sittlichkeit gehandelt, die wir erst finden wollen. Ethische Sätze müssen für alle gelten, also auch für unsere Vorfahren. Sittlichkeit regelt, *wie* wir auf dem Laufband laufen. Mit passender Kleidung und genug Energy-Drinks. In netter Umgebung. Sittlichkeit muss vorausgesetzt werden. Wir leben schon in ihr. Wir können sie nicht erst erforschen und dann nach ihr handeln, weil schon die Erforschung nach ihren Regeln, nach sittlichen Regeln, geschieht.

> (84) Wir müssen bereits sittlich sein, um sittlich sein zu wollen.

Dieses Paradox der Sittlichkeit lässt sich durch keine Ethik lösen.

Wenn das Wörtchen „wenn" nicht wär

Die großen Ethiken haben immer ein „Wenn" im letzten Kapitel: *Wenn* sich alle an die Zehn Gebote hielten ... *Wenn* sich alle an die Verkehrsregeln hielten ... *Wenn* alle den Koran läsen ... *Wenn* alle die Welt als nichtig ansähen ... Ja, dann bräuchten sie sich allerdings auch nicht mehr an die Zehn Gebote oder die Verkehrsregeln, den Koran oder die Ergebnisse der Meditation zu halten. Dann *wären* sie ja schon sittlich. Dann *wollten* sie es ja schon sein – und es ginge nur noch um die Details in den Ausführungsbestimmungen. Sie *waren* jedoch schon sittlich, bevor sie sich den Regeln der Sittlichkeit, der Ethik also, zugewandt haben. Die Ethiker verzweifeln geradezu an diesem Paradox. Sie kommen stets zu spät. Die Ethiker werden nur deshalb gehört, weil die Menschen *bereits* sittlich *sind*, kurz bevor sie sich brav hinsetzen und ihnen zuhören. Ethik führt Sittlichkeit nicht ein, sondern setzt sie voraus. Aber was ist es, was sie da voraussetzt? Davon sollten die vorausgehenden Seiten handeln.

Also lautet der Beschluss

Es bedarf zusätzlich einer Idee, um dieses Paradox aufzulösen. Denn leben können wir nicht mit diesem Paradox. Seine Auflösung bedarf einer Idee, die wir bisher kaum angesprochen haben: Das Paradox bedarf der Idee der Pädagogik. Es ist die Aufforderung zu Selbsttätigkeit unter Geltungsanspruch. Pädagogisches Handeln verhilft uns zu dem, was wir schon voraussetzen müssen, damit uns überhaupt geholfen werden kann. *Im pädagogischen Diskurs lernen wir, was wir schon gelernt haben müssten, um am pädagogischen Diskurs teilnehmen zu können*: Denken, Verstehen, Sprechen. Auch das *Lernen* kann man nicht lernen, weil man es schon zum „Lernen des Lernens" beherrschen muss. Im Dialog mit dem, der es besser weiß, lernen wir, wie man es besser machen kann. *Ohne Geltungsanspruch gäbe es kein Ziel des Lernens. Aber ohne Selbsttätigkeit würden wir keines erreichen.* Ohne Aufforderung gäbe es keine Ahnung vom Ziel. Und ohne

Erkenntnis keine Chance, dahin zu gelangen, wo etwas gilt. Ohne den geführten Dialog gäbe es keine Sittlichkeit. Aber Sittlichkeit kann sich nicht führen lassen. Wir können nicht lernen, was wir schon besitzen müssten, um es lernen zu wollen. Im pädagogischen Dialog wird dieses Paradox aufgelöst.

> (85) Der pädagogische Dialog löst das Paradox der Sittlichkeit, nach dem wir schon sittlich sein müssten, um Sittlichkeit lernen zu wollen.

Der geführte Dialog, das ist das Lehrer-Schüler-Verhältnis. Aber gewiss werden Sie schon das neue Problem aufgespürt haben: Woher weiß es der Lehrer? Von seinem Lehrer! Und der? Sehen Sie, wir landen im vorigen Kapitel. Jeder Lehrer setzt etwas voraus, was er nicht begründen kann, aber akzeptieren muss, um überhaupt Lehrer sein zu können. Und … ach, das können wir auf den wenigen Seiten nicht mehr klären, die uns noch verbleiben. Da müssten wir noch einmal richtig ansetzen! Und über Pädagogik sprechen. See you later?

Zum guten Schluss

Die Idee der Pädagogik ist es, den einzelnen Menschen als Beispiel für die ganze Menschheit zu betrachten. Ihn zu lehren, Beispiel zu sein. In subjektiver Allgemeinheit erfüllt sich die Idee des Menschen, der sich erst noch zum Menschen bestimmen muss, aber nur bestimmen lernen kann, weil er schon Mensch ist. Leben wir also so, als ob wir Beispiel für die gesamte Menschheit wären, die wir allerdings nicht kennen! Ich zitiere ein letztes Mal den klugen Griechen mit dem Namen Demokrit, der schon im 5. Jahrhundert vor Christus gesagt hat, was zu sagen ist:

(86) Wer Schändliches tut, muss sich vor allem vor sich selber schämen.

Das wär's.

Nachwort

Ich habe eine *kleine* Ethik geschrieben, weil wir für eine große Ethik keine Zeit haben. Selbst die kleine ist, im Supermarkt bei Neonlicht betrachtet, schon zu lang.

Ich habe eine Ethik für den Alltag geschrieben. Daher die alltäglichen Beispiele. Sie mögen banal sein, aber sie fordern uns jeden Tag heraus. Bei den großen Problemen, Krieg und Frieden, Hunger, Armut und Völkermord, Umweltschutz und Klimakatastrophe muss man so viel an Sachwissen auffahren, dass die Ethik am Rande verkümmern würde. Mir ging es nicht um die Lösung von aktuellen Problemen, sondern um die Darstellung von zeitlosen Aufgaben. Ich meine das so: Um zu erklären, welcher Umgang mit Geld sittlich zu vertreten ist, muss man nicht zur Wall Street nach New York fliegen. Man kann es auch nebenan im Supermarkt zeigen.

Es geht um etwas Alltägliches. Deshalb spreche ich hier auch nicht als Wissenschaftler, sondern einfach als Bürger. Ich mache mir so meine Gedanken. Von ihnen gehe ich aus. Mal suche ich den Rat kluger Köpfe, mal denke ich selbst. Der Anlass ist alltäglich.

Die Notwendigkeit für sittliches Handeln liegt auf der Straße. Oder im Wohnzimmer. In der Küche. Im Supermarkt. Die Gräuel beginnen in der eigenen Wohnung, nicht erst in den eigens dafür bestimmten Lagern. Ich wollte mit meinen Beispielen weder langweilen noch überraschen, weder erschrecken noch betroffen machen. Ich wollte einen Gedankengang vorführen und einladen, an ihm teilzunehmen. Dabei habe ich versucht, möglichst voraussetzungslos

zu beginnen. Überzeugungen, Orientierungen und Grundannahmen werden nicht eingefordert.

Der Gedankengang geht oft weiter, als die geplanten Seiten dieses Buches es zuließen. Einige Gedanken, besonders die erkenntnistheoretischen und jene zum Verhältnis
von Religion und Sittlichkeit, sind in meinem Buch
„Zweifeln, aber nicht verzweifeln" (2016) weiter ausge-
führt. Zur Sprache habe ich mich oft geäußert, umfassend
in einem Buch über die „Geschichte vom Letzten Buch"
(Jean-Jacques Rousseau: Die Geschichte vom Letzten
Buch. Aufgeschrieben und mit einem Nachwort über das
Sprachdenken Rousseaus ergänzt von Volker Ladenthin.
Würzburg 2012).

Viele Bücherschreiber würden gerne das letzte Buch
schreiben. Und dazu greifen sie auf die ersten Bücher
zurück, die auch schon diesen Anspruch hatten. So habe
ich es auch gemacht: Viele Anregungen habe ich in der
Geschichte gefunden. Gerade in der alten Geschichte. Sie
scheint aktuell geblieben zu sein. Leider. Oder ist das ein
Trost?

Wenn ich Quellen zitiere, dann so, wie ich sie – nach
sorgfältiger Prüfung von Alternativen – verstehe. Ältere
Übersetzungen (z. B. aus dem Altgriechischen) habe ich
sprachlich unserem heutigen Sprachgebrauch und einer
alltagssprachlichen Syntax angepasst, denn der Leser soll
nicht ehrfürchtig vor den alten Texten schaudern, sondern
sie verstehen. Und dabei möchte ich Hilfestellung geben.
Das mag vielleicht Philologen anfänglich ärgern, aber
letztlich sind auch ihre Interpretationen nichts anderes als
die Wiedergabe der Originaltexte in eigenen Worten. Ich
gebe also die Zitate „in eigenen Worten" wieder, damit
gleich deutlich wird, was mich an dem Zitat interessiert.

Anders geht es in diesem Zusammenhang nicht: Sie wollen wissen, wie *ich* den Text verstehe, wenn ich ihn zitiere. Und dann kann ich ihn gleich so präsentieren, wie ich ihn verstehe. Allerdings verspreche ich, dass ich so genau wie möglich am Textsinn geblieben bin. Für den Originaltext verweise ich auf das Original. Wen das Original interessiert, der kann es heutzutage leicht finden.

Ich habe, bis auf ganz wenige Ausnahmen, auf Beispiele aus dem Nationalsozialismus verzichtet. Zwar gibt es dort zahllose und jedermann sofort einsichtige Belege für die Ausführungen dieses Buches, und ohne jegliche Relativierung gilt der Anspruch Theodor W. Adornos, dass alles künftige Bemühen darauf gerichtet sein muss, dass so etwas wie der Holocaust nicht noch einmal geschieht. Aber es scheint mir problematisch, wenn das unfassbare Leiden von Menschen als *Anschauungsmaterial* benutzt wird, als wohlfeiles Beispiel, als emotionales Exemplum. Es nutzt sich ab. Es steht neben anderem, so, als sei das, was in den Vernichtungslagern geschah, nur eine Variante dessen, was man eh schon kennt oder auch anders sagen kann. Gotthold Ephraim Lessing hat diesen Aspekt des Beispiels gleich zu Beginn seiner „Hamburgischen Dramaturgie" im umgekehrten Sinn erläutert, nämlich als Abnutzung der Überzeugungskraft eines guten Beispiels: „Wenn heldenmütige Gesinnungen Bewunderung erregen sollen: so muss der Dichter nicht zu verschwenderisch damit umgehen; denn was man öfters, was man an mehrern sieht, höret man auf zu bewundern." Was man öfters an Schrecken sieht, hört auf, einen zu erschüttern. Nicht nur heldenmütige, sondern auch verbrecherische Beispiele nutzen sich ab. Aber das sollte nicht sein. Erinnerung muss der Sache gerecht werden und die Würde des Erinnerten bewahren;

sie darf nicht für alles herangezogen werden – und so habe ich zumeist schlichte Beispiele aus alter Zeit zitiert, aus ganz alter Zeit – und noch ältere. Zudem wollte ich Sie weder erschüttern noch erschrecken. Ich wollte Sie zum Denken einladen.

Die alten Texte deuten aber noch etwas anderes an: Sie legen den Gedanken nahe, dass „neue Erkenntnisse" oft so neu vielleicht doch nicht sind. Der Grund liegt in der Sache. Der Mensch entfaltet sich zwar in der Geschichte; aber er kann sich nur entfalten, weil er immer der gleiche Mensch ist. Ob man mit dem Faustkeil, dem Bronzedolch, dem Maschinengewehr oder mit einer chemischen Keule Menschen vernichtet, die einzig entscheidende Frage bleibt gleich: *Darf man das?* Seitdem die Menschen wissen, dass sie frei sind, ist der Erhalt dieser Freiheit eine alle Menschen gleich und gemeinsam herausfordernde Frage. Ob sie nun bei der Formulierung Lendenschurz, Kaftan oder Jeans tragen. Ob Sie am Lagerfeuer, am Herd oder in der Bibliothek sitzen.

Mir ging es in diesem Buch nicht darum, neu und originell zu sein. (Das überlasse ich der Kunst.) Ich wollte keine Einführung in die Ethik schreiben. (Das machen die Fachphilosophen in faszinierender Qualität.) Ich wollte nur daran erinnern, wie wir sittliche Urteile fällen. So, wie man im Supermarkt sittlich urteilt. *Das Buch sollte von der einfachen Form der Sittlichkeit handeln.* Man muss dort handeln, ohne dass man eine Handbibliothek zur Verfügung hat. In einer Demokratie müssen sogar alle Bürger jederzeit sittlich handeln. Und nicht alle haben Philosophie studiert.

Im Alltag stelle ich oft fest, dass die einfachen Grundideen der Sittlichkeit nicht so bekannt sind, als dass man sich an ihnen orientieren könnte. Sie sind überlagert von Meinungen. Von Konventionen. Wenn ich von meinen Problemen im Supermarkt berichte (oder von Lektüren aus Geschichtsbüchern und Tageszeitung) und um Antworten bitte, dann lauten die häufigsten Antworten: „Das sieht halt jeder anders!", „Das hat jede Zeit anders gesehen!", „Das muss jeder selbst wissen!" und „Tut ja eh jeder, was er will!". Wohl verstanden sind diese Sätze durchaus richtig: „Das" hat jede Zeit sicher anders gesehen …, der Ethik geht es um die Bestimmung dieses unwandelbaren *Das*. Variation setzt immer Identität voraus – das weiß jeder Musiker. Und natürlich muss es jeder *selbst* wissen, deswegen gehen alle Menschen selbst zur Schule und lernen dort zu denken. Man kann nicht für sich denken lassen. Und schließlich hoffe ich, dass auch jeder wirklich tut, was *er* will, und nicht, was man ihm sagt. Aber mit diesen Einsichten kommt man nicht weit. Man kommt nicht mal heil aus dem Supermarkt. Es galt also, die notwendigen Grundgedanken noch einmal freizulegen. Mehr wollte ich nicht.

Danken möchte ich den vielen, die mir bei der Erstellung der Gedanken und der Herstellung der Druckfassung geholfen haben, besonders Kamil Viktor Gizenski, Beate Halter, Christina Marx, Jeanette Neuburg, Anke Redecker, Jared Schmitt und Daniel Schönbauer.

Unsere beiden Söhne haben – wie immer – nicht lockergelassen.

Gewidmet ist das Buch auf alle Fälle und für alle Fälle meiner Frau Christa.

Volker Ladenthin

Das Literaturverzeichnis

soll zum Weiterlesen anregen. Ich kann empfehlen:

Aristoteles: Nikomachische Ethik. Stuttgart 2003
(Der Klassiker der Antike, der Grundlinien bloßlegt. Seine Grundannahmen sind schwer zu widerlegen.)

Gosepath, Stephan (Hg.): Motive, Gründe, Zwecke. Theorien praktischer Rationalität. Frankfurt/M. 1999
(Übersicht über die Forschungslage zur Frage, warum wir sittlich handeln sollen.)

Heitger, Marian: Bildung und moderne Gesellschaft. München 1963
(Zeigt am Problem der [sittlichen] Bildung, in welchem Verhältnis Aussagen über die Gesellschaft und solche zur Ethik stehen. Es ist erstaunlich aktuell geblieben.)

Höffe, Ottfried: Ethik. Eine Einführung. München 2013
(Genau: Das Buch führt wissenschaftlich exakt in das Problem der Ethik ein.)

Ladenthin, Volker: Wert Erziehung. Ein Konzept in sechs Perspektiven. Hg. v. Anke Redecker. Baltmannsweiler 2013
(Hier entfalte ich mein Konzept für die Erziehungswissenschaft und kläre die anstehenden Fragen mit Hilfe von weiterer Fachliteratur [aus den Bibliotheken!].)

Lenz, Siegfried: Das Vorbild. Roman. Hamburg 1973
(Reflektiert zahlreiche Probleme der Ethik ganz lebens-
nah und erzählerisch.)

Mann, Thomas: Das Gesetz. In: Mann, Thomas: Der Tod
in Venedig und andere Erzählungen. Frankfurt/M. 2003
(Will zeigen, dass mit Moses die Idee der Sittlichkeit uni-
versal formuliert wird. Zur Zeit des Nationalsozialismus
und gegen ihn geschrieben.)

Rekus, Jürgen: Bildung und Moral. Zur Einheit von Rationalität und Moralität in Schule und Unterricht. Weinheim
und München 1993
(Diskutiert verschiedene aktuelle Konzepte von Ethik –
bezogen auf den Bildungsprozess – und entwickelt ein
Urteilsverfahren, von dem ich sehr viel gelernt und über-
nommen habe.)

Schilmöller, Reinhard: Religionsunterricht und moralische
Erziehung: Sinnerfahrung im Glauben. In: Regenbrecht,
Aloysius / Pöppel, Karl Gerhard (Hg.): Moralische Erzie-
hung im Fachunterricht, 2 Bände. Münster 1990.
S. 160–193

Schilmöller, Reinhard: Religion im Ethikunterricht – Ethik
im Religionsunterricht. In: Schilmöller, Reinhard /
Regenbrecht, Aloysius / Pöppel, Karl Gerhard (Hg.): Ethik
als Unterrichtsfach, Münster 2000, S. 241–275
(Beide Aufsätze arbeiten sehr viel theologische Fachliteratur zum Thema Religion und Sittlichkeit auf und beschreiben die Differenz beider Erkenntnisweisen. Auch von diesem Autor habe ich sehr, sehr viel gelernt und mich

reichlich unterrichten lassen. Ihm gebührt besonderer Dank.)

Schönberg, Arnold: Moses und Aron. Oper in drei Akten. Mainz-London-New York-Tokyo o. J.
(Enthält in dichter Sprache die Diskussion über die [sprachlichen] Bedingungen der Ethik, das Bilderverbot und die theologischen Implikationen.)